仏検対策
聴く力
演習

田辺保子
西部由里子
Laurence Bernard-Mirtil
著

MP3
CD-ROM 付

準**1**級・**1**級

駿河台出版社

は　し　が　き

　本書は実用フランス語技能検定試験（仏検）準1級・1級レベルの「聴く力」を身につけるための問題集です．

　仏検の受験要項によると，上記各級の書き取り・聞き取り試験には，以下の目標が設定されています．
　　準1級：一般的な事柄を十分に聞き取るだけでなく，多様な分野にかかわる内容の文章の大意を理解できる．
　　1級　：ラジオやテレビのニュースの内容を正確に把握できる．広く社会生活に必要なフランス語を聞き取る高度な能力が要求される．

　また，試験時間や配点，難易度の違いはあるものの，どちらの級でも次の3通りの試験が課されます．
　　①　書き取り試験：　　読み上げられるテキストを全文書き取る．
　　②　聞き取り試験 ①：対話文と，それに関する質問を聞き，答えの文を空所補充形式で完成させる．
　　③　聞き取り試験 ②：一定の長さのテキストとそれについて述べた文章を聞き，その正誤を判断する．

　これらの試験においては，聴解力のみならず，「読む，書く，聞く，話す」の4技能の総合力が試されることは言うまでもありません．書き取り試験では綴り字や上級文法の知識が不可欠であり，対話文やテキストの聞き取りではさまざまな場で用いられる語彙を使いこなす力，読み上げられた文章を順序立てて整理する能力も問われます．

　本書では，「聴く力」の演習が単なる試験対策に終わらないように，各問題に詳しい解説をつけ，既知の事項であってもそれが体系的な復習につながる工夫を試みました．

第1部は「**トライアル問題**」です．聞き取り演習の準備体操だと思ってください．発音が類似している語の聞き分け，聞き取ったフランス語の同意表現の連想，固有名詞の聞き取りといった耳慣らしの練習問題が収められています．

　第2部は，**準1級**の試験形式に沿った3通りの練習問題と模擬試験です．

　コラムでは，間違えやすい同音異義語など，書き取り問題において注意すべき語をピックアップしました．

　第3部は，第2部と同様の形式ですが，**1級**レベルの内容です．また，コラムには，ラジオやテレビのニュースで頻繁に耳にする時事フランス語表現などを載せました．

　インターネットやSNSの普及により，日本に住んでいても，フランスの報道にほぼリアルタイムで接することが可能になりました．またオンライン授業やリモートワークにより，留学や出張をしなくても海外の人々とコミュニケーションができる環境も整いつつあります．このような時代であるからこそ，異なる文化的背景をもつ話者が発した言葉を正しく理解する力は今後，より一層求められていくでしょう．

　文法の総復習，語彙整理，フランス語のニュース視聴，新聞記事の講読，それに関する自らの意見の発信など，すべての勉強が「聴く力」の向上につながることと思います．仏検の最高峰，そして更に高いレベルを目指す皆さんにとって，本書もその一助を担えれば大変うれしく思います．

　最後になりましたが，過去問掲載を快くご承諾いただきました公益財団法人フランス語教育振興協会と，的確なご助言によって本書の制作を支えてくださいました駿河台出版社上野大介氏に心からの感謝を申し上げます．

著　者

目　次

第1部　トライアル問題

第2部　準1級 仏検対策

第3部　1級 仏検対策

コラム 目次

第1部
トライアル問題

（　）の中に各一語を書き取りましょう. [▶解答 p.10]

002 ① a) Pendant la guerre civile, il n'a cessé de combattre pour la
（　　　　　　）.

b) Il a évité de （　　　　　　） une collision avec un poids lourd au
carrefour.

003 ② a) Elle s'est mise à la （　　　　　　） du cortège.

b) L'ouragan a porté un grand （　　　　　　） au tourisme de cette
région.

004 ③ a) Depuis sa naissance, elle a toujours été entourée de l'（　　　　　　）
de ses parents.

b) On a voté l'（　　　　　　） d'une part du budget à l'amélioration
des routes.

005 ④ a) Les pèlerins sont （　　　　　　） après une halte.

b) L'entraîneur a （　　　　　　） les joueurs en deux groupes.

006 ⑤ a) Il nous a demandé notre opinion （　　　　　　）.

b) Sa conduite courageuse était vraiment （　　　　　　）.

007 ⑥ a) La maladie m'a obligé à rester un mois （　　　　　　） au lit.

b) J'ai envoyé mon CV à une agence （　　　　　　） dans l'intention
de trouver un emploi.

008 ⑦ a) Elle m'a （　　　　　　） son grand secret.

b) Elle a （　　　　　　） quelques fautes grammaticales dans mon
texte.

009 ⑧ a) Il （　　　　　　） un lustre au plafond du salon.

b) Il me （　　　　　　） toujours par ses propos crus.

🎧 010 ⑨ a) Ils se sont (　　　　　) des mails tous les soirs.
　　　　　b) Ils se sont (　　　　　) : « Au secours ! »

🎧 011 ⑩ a) Il (　　　　) un vent du sud tiède.
　　　　　b) Les enfants de ce pays (　　　　　) de la faim.

🎧 012 ⑪ a) Votre commande sera (　　　　　　) à domicile d'ici trois jours.
　　　　　b) Les otages ont été (　　　　　) au bout de trois jours.

🎧 013 ⑫ a) Sa mère l'(　　　　　) sur le front.
　　　　　b) Il (　　　　) sa mère à cause de sa grasse matinée.

🎧 014 ⑬ a) Il m'a (　　　　) de ne pas être ponctuel.
　　　　　b) Il a (　　　　) sa chaise de la mienne.

🎧 015 ⑭ a) À cause d'un typhon, la représentation a été (　　　　　) à la semaine suivante.
　　　　　b) Elle m'a (　　　　　) des savons bio de son voyage dans le Midi.

🎧 016 ⑮ a) Les députés ont (　　　　　) la réforme du Code civil.
　　　　　b) Les députés ont donné leur (　　　　　) à la réforme du Code civil.

🎧 017 ⑯ a) Marie est une (　　　　　) anthropologue.
　　　　　b) J'ai le pressentiment d'une crise économique (　　　　　).

🎧 018 ⑰ a) Les élèves ont observé l'éclipse (　　　　　) de soleil.
　　　　　b) L'arbitre (　　　　) s'est fait huer par les spectateurs.

🎧 019 ⑱ a) Je te ferai une (　　　　　).
　　　　　b) Je te fais entièrement (　　　　　).

(訳例と解説)

① a)「内戦の間，彼は正義のために戦い続けました.」
　 b)「彼は交差点で危うく大型トラックと衝突するところでした.」
　 ☿ 名詞 justice「正義」と justesse「正確さ」の聞き分けです．de justesse は「ぎりぎりのところで」という意味の熟語です．

② a)「彼女は行列の最後尾につきました.」
　 b)「ハリケーンはこの地方の観光業に大打撃を与えました.」
　 ☿ 名詞 queue [kø]「後尾」と coup [ku]「打撃」の聞き分けです．音が似ているので，文脈や冠詞もヒントにして考えましょう．

③ a)「生まれてからずっと彼女は両親の愛情に包まれてきました.」
　 b)「予算の一部を道路整備に割り当てることが可決されました.」
　 ☿ 名詞 affection「愛情」と affectation「割り当て」の聞き分けです．

④ a)「巡礼者たちは休憩後に再び出発しました.」
　 b)「コーチは選手たちを 2 つのグループに分けました.」
　 ☿ 動詞 repartir「再び出発する」と répartir「分配する」の聞き分けです．複合時制で助動詞が異なることにも注意しましょう．

⑤ a)「彼は我々にめいめいの意見を求めました.」
　 b)「彼（女）の勇敢な行動はまさに尊敬に値いするものでした.」
　 ☿ 形容詞 respectif(ve)「それぞれの」と respectable「尊敬すべき」の聞き分けです．

⑥ a)「病気のせいで私は 1 ヵ月間ベッドに寝たきりでした.」
　 b)「私は職を見つけようと思って不動産会社に履歴書 (curriculum vitæ) を送りました.」
　 ☿ 形容詞 immobile「動かない」と immobilier(ère)「不動産の」の聞き分けです．

⑦ a)「彼女は私に大事な秘密を教えてくれました.」
　 b)「彼女は私の文章の中のいくつかの文法的な間違いを指摘しました.」
　 ☿ 動詞 révéler「明かす」と relever「指摘する」の聞き分けです．

⑧ a)「彼は居間の天井にシャンデリアを吊るします.」
　 b)「彼のあからさまな言葉に私はいつも驚かされます.」
　 ☿ 動詞 suspendre「吊るす」と surprendre「驚かせる」の聞き分けです．

⑨ a)「彼らは毎晩メールを書き合いました.」

b)「彼らは『助けて！』と叫びました．」

💡 代名動詞 s'écrire「互いに〜を書き合う」と s'écrier「叫ぶ」の聞き分けです．s'écrire の再帰代名詞は間接目的*，s'écrier は直接目的* です．過去分詞の性・数一致の有無にも気を配りましょう．

⑩ a)「生暖かい南風が吹いています．」

b)「この国の子どもたちは飢えに苦しんでいます．」

💡 動詞 souffler「吹く」と souffrir「苦しむ」の聞き分けです．l と r の音に注意しましょう．

⑪ a)「ご注文の品は 3 日以内にご自宅に配達されるでしょう．」

b)「3 日後に人質は解放されました．」

💡 動詞 livrer「配達する」と libérer「解放する」の聞き分けです．v と b の音に注意しましょう．

⑫ a)「母親は彼（女）の額にキスをします．」

b)「母親は彼の朝寝坊に困っています．」

💡 動詞 embrasser「キスをする」と embarrasser「困らせる」の聞き分けです．

⑬ a)「彼は時間にルーズだと私を非難しました．」

b)「彼は自分の椅子を私の椅子に近づけました．」

💡 動詞 reprocher「非難する」と rapprocher「近づける」の聞き分けです．

⑭ a)「台風のせいで公演は翌週に延期されました．」

b)「彼女は南仏旅行のおみやげにオーガニックの石けんを私に買ってきてくれました．」

💡 動詞 reporter「延期する」と rapporter「持ち帰る」の聞き分けです．

⑮ a) b)「議員たちは民法改正に賛同しました．」

💡 動詞 approuver とその派生名詞 approbation の聞き取りです．名詞化されるときに v が b に変わることに気を付けましょう．

⑯ a)「マリーは卓越した人類学者です．」

b)「私は経済危機が差し迫っている予感がします．」

💡 形容詞 éminent(e)「卓越した」と imminent(e)「差し迫った」の聞き分けです．

⑰ a)「生徒たちは部分日食を観察しました．」

b)「観客は公平さに欠ける審判にやじを浴びせました．」

💡 形容詞 partiel(le)「部分的な」と partial(e)「不公平な」の聞き分けです．

* 以後，直接目的は直目，間接目的は間目と表記します．

⑱ a)「君に秘密を打ち明けます.」

   b)「君には全幅の信頼をおいています.」

  💡名詞 confidence「打ち明け話」と confiance「信頼」の聞き分けです. 語尾の -ence, -ance の綴り字にも注意しましょう. *cf.* p.133

解答

① a) justice   b) justesse   ② a) queue   b) coup

③ a) affection   b) affectation   ④ a) repartis   b) réparti

⑤ a) respective   b) respectable   ⑥ a) immobile   b) immobilière

⑦ a) révélé   b) relevé   ⑧ a) suspend   b) surprend

⑨ a) écrit   b) écriés   ⑩ a) souffle   b) souffrent

⑪ a) livrée   b) libérés   ⑫ a) embrasse   b) embarrasse

⑬ a) reproché   b) rapproché   ⑭ a) reportée   b) rapporté

⑮ a) approuvé   b) approbation   ⑯ a) éminente   b) imminente

⑰ a) partielle   b) partial   ⑱ a) confidence   b) confiance

第2章 同意語連想トライアル

例にならって，読まれたフランス語とほぼ同じ意味になるように（　）に適語を入れましょう（単語の最初の文字は書かれています）．[▶解答 p.15]

例）🎧 （録音文）Je ne connais pas la raison de son départ.
020
（問題文）J'(i　　　　　　　） la raison de son départ.　解答 ignore

🎧 ① Pourriez-vous expliquer plus (p　　　　　　)?
021

🎧 ② Il a donné son opinion avec (f　　　　　　).
022

🎧 ③ Ma mère prend toujours les choses du bon (c　　　　　　).
023

🎧 ④ La (l　　　　　　) de la Seine est de 776 kilomètres.
024

🎧 ⑤ Tu me tiendras au (c　　　　　　) de ce qui se passe dans ta classe.
025

🎧 ⑥ Son nom m'(é　　　　　　) !
026

🎧 ⑦ C'est un (h　　　　　　).
027

🎧 ⑧ J'aime nager dans une piscine en plein (a　　　　　　).
028

🎧 ⑨ Cette nouvelle est encore (o　　　　　　).
029

🎧 ⑩ Le président de la Russie a eu un entretien avec son (h　　　　　　)
030
turc.

🎧 ⑪ La tempête nous a (e　　　　　　) de sortir.
031

🎧 ⑫ Ton intervention m'a (p　　　　　　) de le convaincre.
032

🎧 ⑬ Le nombre de vols (d　　　　　　) avec l'installation des caméras
033
de surveillance.

🎧 034 ⑭ L'accomplissement de ce projet (d   ) mes capacités.

🎧 035 ⑮ La réunion a été (s   ) d'un dîner amical.

🎧 036 ⑯ Nous nous (c   ) de l'accueil des sinistrés.

🎧 037 ⑰ À la vue de cette scène, je ne pouvais pas m'(e   ) de pleurer.

🎧 038 ⑱ Le nombre d'(i   ) est en augmentation dans le monde entier.

🎧 039 ⑲ Les épreuves écrites étaient toutes faciles à une matière (p   ).

🎧 040 ⑳ Le nouveau directeur n'est pas à la (h   ) de son prédécesseur.

┌─────────────────────────┐
│ 録音文，録音文の訳例，解説 │
└─────────────────────────┘

① Pourriez-vous expliquer avec plus de précision ?

「もう少し明確にご説明いただけますか？」

💡 avec＋抽象名詞は，多くの場合名詞から派生した副詞で書きかえることができます．

② Il a donné franchement son opinion.

「彼は率直に自分の意見を述べました．」

💡 ① と逆のパターンです．形容詞 franc (franche) から派生した副詞 franchement を avec＋抽象名詞にかえます．

③ Ma mère prend toujours positivement les choses.

「母はいつも物事を肯定的にとらえています．」

💡 「肯定的に」を「よい側面から」に書きかえます．

④ La Seine est longue de 776 kilomètres.

「セーヌ川は全長 776 キロメートルです．」

💡 形容詞から派生した名詞を入れます．

⑤ Fais-moi savoir ce qui se passe dans ta classe.

「あなたのクラスで何が起こっているのか私に知らせてください．」

💡 「情報を知らせる」という熟語の一部です．

⑥ Je ne me souviens plus de son nom !

「もう彼（女）の名前が思い出せない！」

💡 「忘れた」はさまざまな表現で表すことができますが é で始まる動詞は？

⑦ C'est un périodique qui sort chaque semaine.

「これは毎週発行される定期刊行物です．」

💡 「週刊誌（紙）」にあたる名詞を入れます．

⑧ Je n'aime pas nager dans une piscine couverte.

「私は室内プールで泳ぐのは好きではありません．」

💡 「屋外の」を表す熟語の一部です．

⑨ Cette nouvelle n'est pas encore officielle.

「このニュースはまだ公式なものではありません．」

💡 「公式の」と「非公式の」を表す形容詞は形がよく似ています．

⑩ Le président de la Russie a eu un entretien avec le président de la Turquie.

「ロシアの大統領はトルコの大統領と会談をしました．」

💡「同等の地位の人」を表す名詞を入れます．

⑪ Nous n'avons pas pu sortir à cause de la tempête.

「私たちは嵐のせいで外出できませんでした．」

💡「～のせいで」を「～が妨げた」という表現にかえます．

⑫ J'ai réussi à le convaincre grâce à ton intervention.

「君が間に入ってくれたおかげで彼を説得できました．」

💡「～のおかげで」を「～が可能にする」という表現にかえます．

⑬ L'installation des caméras de surveillance réduira le nombre de vols.

「監視カメラの設置によって盗難件数は減るでしょう．」

💡「～を減らす」を「～が減る」と書きかえます．

⑭ Je suis incapable d'accomplir ce projet.

「私はこの計画を実現することができません．」

💡「(私の能力を) 超えている」という意味の動詞を入れます．

⑮ Après la réunion, il y a eu un dîner amical.

「会議の後，懇親会がありました．」

💡「～に続く」という意味の動詞を受動態で用います．過去分詞の性・数一致
にも気を付けましょう．

⑯ Nous prenons la responsabilité de l'accueil des sinistrés.

「被災者の受け入れについては我々が責任を負います．」

💡「～の責任を負う，～を引き受ける」という意味の代名動詞を入れます．

⑰ À la vue de cette scène, je ne pouvais pas me retenir de pleurer.

「このシーンを見て，私は泣かずにはいられませんでした．」

💡ほぼ同じ意味の「～することを我慢する」という代名動詞にかえます．

⑱ Les personnes qui utilisent Internet ne cessent d'augmenter dans le monde entier.

「インターネットを使う人は世界中で増え続けています．」

💡「インターネット利用者」という一語の名詞を考えましょう．

⑲ Les épreuves écrites étaient toutes faciles à part une matière.

「筆記試験は1科目を除いてすべて簡単でした．」

💡「～を除いて」を別の熟語で表現します．

⑳ Le nouveau directeur n'est pas aussi compétent que son prédécesseur.

「新しい部長は前任者ほど有能ではありません.」

💡「〜に比肩する」という意味の熟語を思い浮かべましょう.

解答

① précisément ② franchise ③ côté ④ longueur
⑤ courant ⑥ échappe ⑦ hebdomadaire ⑧ air
⑨ officieuse ⑩ homologue ⑪ empêché(e)s ⑫ permis
⑬ diminuera ⑭ dépasse ⑮ suivie ⑯ chargeons
⑰ empêcher ⑱ internautes ⑲ près ⑳ hauteur

問題 1 ① ～ ⑧ の ( ) の中に, 国名や自治州名などを書き取りましょう.

[▶解答 p.20]

① **041** Le ( ) va organiser des élections anticipées.

② **042** Le rugby est un des sports les plus populaires au ( ).

③ **043** La ( ) est le premier pays au monde où l'argent liquide pourrait disparaître.

④ **044** *La Mélodie du bonheur* est un film musical américain dont l'action se déroule en ( ).

⑤ **045** L'( ) est connue pour ses sources thermales naturelles.

⑥ **046** De nombreuses manifestations ont eu lieu en ( ) au cours du mois de juin.

⑦ **047** Le ( ) a été ravagé par des feux de forêts sans précédent.

⑧ **048** En 2007, la France et les ( ) ont signé un accord pour la création du Louvre Abu Dhabi.

問題 2 ①〜⑦の（ ）の中に，フランスの都市や地方の形容詞を書き取りましょう． [▶解答 p.20]

🎧 049 ① La salade (　　　　　　) de ce restaurant est copieuse.

🎧 050 ② Dans l'agglomération (　　　　　　), le projet de métro est en discussion.

🎧 051 ③ Le cassoulet est une des spécialités culinaires (　　　　).

🎧 052 ④ Hier, il s'est produit deux accidents successifs dans la région (　　　　).

🎧 053 ⑤ Cette association regroupe des laitiers (　　　　) pour appuyer l'économie locale.

🎧 054 ⑥ Il a un léger acccent (　　　　).

🎧 055 ⑦ Cet article se vend dans toute la région (　　　　).

問題 3 ①〜⑤の（ ）の中に，フランス以外の国の都市名や河川名を書き取りましょう． [▶解答 p.21]

🎧 056 ① À (　　　　　　), la température moyenne en septembre est de 15,7°C.

🎧 057 ② Le siège officiel de la Cour pénale internationale se trouve à (　　　　), aux Pays-Bas.

🎧 058 ③ Elle a fait un an d'études à (　　　　　　) en profitant du programme ERASMUS.

🎧 059 ④ Elle est partie pour une croisière sur le (　　　　).

🎧 060 ⑤ Les eaux du (　　　　) commencent à geler.

訳例と解説

問題 1

① 「英国では時期を早めた選挙が行われる予定です.」
　💡 le Royaume-Uni は l'Angleterre, l'Écosse, le pays de Galles, l'Irlande du Nord で構成されています.

② 「ラグビーはウェールズで最も人気のあるスポーツの一つです.」
　💡 ① 参照. 「英国皇太子」は〈prince de Galles〉と言います.

③ 「スウェーデンは世界で最初に現金が消える可能性のある国です.」
　💡 スウェーデン人は Suédois(e) です.

④ 「『サウンド・オヴ・ミュージック』はオーストリアを舞台にしたアメリカのミュージカル映画です.」
　💡 Australie と混同しないように注意しましょう. 綴りが似ている autruche は「ダチョウ」です.

⑤ 「アイスランドは天然温泉で有名です.」
　💡 Irlande との聞き分けに気を付けましょう.

⑥ 「カタロニアでは 6 月に多くのデモが行われました.」
　💡 カタロニア人は Catalan(e) です.

⑦ 「チリは前代未聞の森林火災で大きな被害を受けました.」

⑧ 「2007 年, フランスとアラブ首長国連邦は, ルーヴル・アブダビを建設するための協定に署名しました.」
　💡 émirat は「首長国, 首長」という意味です.

問題 2

① 「このレストランのニース風サラダは量がたっぷりある.」
　💡 Nice の形容詞です.

② 「ボルドー都市圏では, 地下鉄の計画が討議されています.」
　💡 Bordeaux の形容詞です.

③ 「カスレはトゥールーズの名物料理の一つです.」
　💡〈la ville rose〉と呼ばれる Toulouse の形容詞です.

④ 「昨日, ランス近郊で相次いで 2 件の事故が起きました.」
　💡 Reims の形容詞です. 形が大きく変わるので注意しましょう.

⑤「この協会は地域経済を支えるためにノルマンディー地方の酪農家たちを結集しています.」

  💡 Normandie の形容詞です.

⑥「彼には軽いプロヴァンス訛りがあります.」

  💡 Provence の形容詞です. province の形容詞 provincial と混同しないようにしましょう.

⑦「この商品はイル＝ド＝フランス地方全域で販売されています.」

  💡 Île-de-France の形容詞です.

問題 3

①「モントリオールの 9 月の平均気温は 15.7℃です.」

②「国際刑事裁判所の本部はオランダのハーグにあります.」

  💡 フランスの Le Havre や Le Mans と同様に，ハーグも大文字の定冠詞を伴う都市名です.

③「彼女はエラスムス計画（EU 内の留学奨励制度）を利用してワルシャワで 1 年間勉強しました.」

④「彼女はライン河クルーズに出かけました.」

⑤「ドナウ河の水が凍り始めています.」

  💡 日本語とだいぶ音が変わるので注意しましょう. なお，フランスの主要河川 la Seine, la Loire, le Rhône, la Garonne も見直しておきましょう.

解答

問題 1

① Royaume-Uni ② pays de Galles ③ Suède ④ Autriche
⑤ Islande ⑥ Catalogne ⑦ Chili ⑧ Émirats arabes unis

問題 2

① niçoise ② bordelaise ③ toulousaines ④ rémoise
⑤ normands ⑥ provençal ⑦ francilienne

問題 3

① Montréal ② La Haye ③ Varsovie ④ Rhin
⑤ Danube

第 2 部
準 1 級 仏検対策

　準1級の書き取りでは，90〜100語程度の分量の文章が3回読まれます．2級までは4回読み上げられていましたが，準1級からは回数が減ります．

　最初にふつうの速さで読まれるときに，登場人物の性別など気づいたことをメモしておきましょう．2回目にポーズとともに読まれるときには，[b]と[v]，[l]と[r]の聞き分けや類似した発音の語，同音異義語に気を付けながら書き取ります．動詞の法と時制を意識するのも重要です．最後にもう一度ふつうの速さで読まれるときに聞き漏らしがないかをチェック，その後次の試験が始まるまでの3分間で，細かな綴り字や性・数一致などを確認しましょう．

　配点は20点です．

🎧 句読記号 (les signes de ponctuation)

061

　2回目にポーズをおいて読むときには « point », « virgule » のように句読点も読まれます．そのまま綴り字を書かないように気を付けましょう．

.	point
,	virgule
?	point d'interrogation
!	point d'exclamation
…	points de suspension
:	deux points
;	point virgule
«	Ouvrez les guillemets.
»	Fermez les guillemets.
(	Ouvrez la parenthèse.
)	Fermez la parenthèse.
改行	À la ligne.

＊ point virgule (;) は virgule より強い休止を表し，一つの文の中の節と節を分離します．deux points (:) は接続的な働きをします．

各問題は次の要領で行われます.

- フランス語の文章を次の要領で3回読みます. 全文を書き取ってください.
- 1回目は, ふつうの速さで全文を読みます. 内容をよく理解するようにしてください.
- 2回目は, ポーズをおきますから, その間に書き取ってください（句読点も読みます）.
- 最後に, もう1回ふつうの速さで全文を読みます.
- 読み終わってから3分後に, 聞き取り試験に移ります.
- 数を書く場合は, 算用数字で書いてかまいません.

過去問　🎧 062 → 063 → 062 [▶解答 p.26]

ヒントと解説・解答

過去問

062, 063

読まれるテキスト

L'an dernier, je *n'avais pas eu*① le cadeau d'anniversaire que je *voulais*①. Mon mari *m'avait offert*② des gants, et *c'étaient*③ les mêmes que *ceux*④ qu'il m'avait *donnés*⑤ l'année d'avant ! En plus, *ils étaient noirs*⑥, comme les autres. J'étais vraiment *déçue*⑦. *Si, au moins, il en avait acheté*⑧ d'une autre couleur : marron, par exemple. Et puis, au mois de février, j'ai perdu un gant dans le parking d'un grand magasin où je faisais des achats. C'était le gauche. Alors, mon mari m'*a tendu*⑨ le gant gauche de la deuxième *paire*⑩, en me disant qu'il avait bien choisi son cadeau !

　誕生日に夫から贈られた手袋をめぐる話です．句読記号の！(point d'exclamation) や：(deux points) に注意しながら書き取りましょう．

① 去年の誕生日の話は直説法大過去で語られています．avoir の過去分詞を聞き逃さないようにしましょう．その後の voulais は，主節と同時の事柄を表す直説法半過去です．
② ここも大過去です．m' は間目（間接目的）なので過去分詞の一致はありません．
③ 発音は単数形と同じですが les mêmes に合わせて動詞は 3 人称複数です．単数にしないように．
④ ce ではなく ceux です．gants を受けています．
⑤ 関係代名詞 qu' (que) の先行詞 ceux は直目（直接目的）にあたりますから、ceux (= les gants) に一致して -s が付きます．
⑥ リエゾンから主語が複数だと分かります．動詞の活用形と形容詞も複数にします．
⑦ décevoir の過去分詞が形容詞的に使われています．話の流れから je は女性と判断できますから，主語に一致して -e が付きます．セディーユの書き忘れに注意しましょう．

26

⑧ 〈Si＋大過去〉で遺憾の意味を表します．en は des gants を受ける中性代名詞です．

⑨ tendre の複合過去です．attendu と混同しないように意味を考えながら聞きましょう．

⑩ père や pair と同音ですがここは意味で判断します．「1 対」は女性名詞です．

訳例

　去年，私は誕生日プレゼントに欲しかったものをもらえませんでした．夫は私に手袋を贈ってくれましたが，それは 1 年前に彼が私にくれたものと同じだったのです！ おまけにその手袋は前のと同じ黒でした．私は本当にがっかりしました．せめて他の色，例えば茶色の手袋を買ってくれたらよかったのに．その後 2 月に，私は買い物をしていたデパートの駐車場で片方の手袋を無くしました．左手の手袋でした．そのとき夫は，2 つ目の手袋の左手用を私に差し出し，僕は上手にプレゼントを選んだねと言いました．

コラム

「注意したい同音異義語」(1)

① air (*m.*)　空気，様子
　　aire (*f.*)　エリア
　　ère (*f.*)　紀元，時代

② amande (*f.*)　アーモンド
　　amende (*f.*)　罰金

③ auteur (*m.*)　作者
　　hauteur (*f.*)　高さ

④ chaîne (*f.*)　鎖，連鎖
　　chêne (*m.*)　（カシ，ナラなどの樹木）:コナラ（属）

問題 **1** 🎧 064 ➡ 065 ➡ 064 ［▶解答 p.32］

問題 **2** 🎧 066 ➡ 067 ➡ 066 ［▶解答 p.34］

問題 3　🎧 068 ➡ 069 ➡ 068 ［▶解答 p.36］

問題 4　🎧 070 ➡ 071 ➡ 070 ［▶解答 p.38］

問題 5 🎧 072 ➡ 073 ➡ 072 ［▶解答 p.40］

問題 6 🎧 074 ➡ 075 ➡ 074 ［▶解答 p.42］

問題 7　🎧 076 ➡ 077 ➡ 076 ［▶解答 p.44］

問題 8　🎧 078 ➡ 079 ➡ 078 ［▶解答 p.46］

064,
065

問題 **1**

読まれるテキスト

Le printemps approchait après un hiver particulièrement doux, et *la ville où j'habite était prête*[①] pour le festival des cerisiers en fleurs. Mais depuis la nuit dernière, *une tempête s'est abattue*[②] sur toute la région. *De grosses chutes*[③] de neige bloquent les routes et empêchent les avions d'atterrir. Les écoles sont fermées et *il est recommandé*[④] *aux travailleurs*[⑤] de rester chez eux afin de ne pas provoquer *d'accidents*[⑥]. Dans notre région, *l'arrivée*[⑦] d'une *telle*[⑧] tempête de neige est habituelle *au cœur de*[⑨] l'hiver, mais c'est assez rare en mars. Pour demain, la météo annonce encore *de la neige*[⑩] et une température très *basse*[⑪].

天候に関するテキストです．全般的に平易な文ですが，過去分詞や形容詞の性・数一致の落とし穴がところどころに隠れています．聞き取りにくい箇所は，文法の知識も動員して補いましょう．

① 関係代名詞を伴った単語 la ville が主語です．être 動詞の後の形容詞の発音（女性形）に注意し，類似単語 près と混同しないようにしましょう．アクサンを正確に綴りましょう．

② 代名動詞の複合過去です．再帰代名詞は直目ですから，過去分詞は主語に性・数一致します．

③ 形容詞，女性複数形の綴り字に注意しましょう．また，複数不定冠詞は「形容詞＋名詞」が複数ですから des ではありません．

④ 〈il est ＋形容詞（過去分詞）＋ de ＋不定詞〉の非人称構文です．

⑤ 聞いただけでは単・複の区別がつきません．少し後の chez eux から判断しましょう．

⑥ エリジオンで [daksidā] となっています．ne pas があるので否定の de が使われています．ここでも単・複の区別がつきません．意味から判断しましょう．

⑦ 動詞 arriver と混同しないように意味や文法から判断しましょう．

⑧ 直前に une があるので女性単数です．発音が同じ tel にしないようにしましょう．

⑨ 似た発音に〈au cours de〉がありますが，ここでは「〜の真ん中に」ですから cœur のほうです．

⑩ 天気予報では部分冠詞が用いられます．ex. annoncer de la pluie

⑪ 女性形容詞の綴り字に注意しましょう．

（訳例）————————————————————————————————

　非常に暖かかった冬が過ぎ，春が近づいていました．私が住んでいる町では桜まつりが準備されていたのです．しかし昨晩からこの地域全体が嵐に襲われています．大雪のために道路は封鎖され，飛行機は着陸できません．小学校は休校となり，働く人々には事故を引き起こさないよう自宅待機が勧告されています．私たちの地方ではこのような吹雪は真冬にはよくありますが，3月にはかなり稀です．天気予報では明日もまだ雪が降り，気温も非常に低いと報じています．

 コラム

「注意したい同音異義語」(2)

⑤ cou (*m.*)　首
　 coup (*m.*)　打撃
　 coût (*m.*)　費用

⑥ dessein (*m.*)　意図
　 dessin (*m.*)　デッサン

⑦ différent　違った
　 différend (*m.*)　意見の対立，紛争

⑧ foi (*f.*)　信仰
　 foie (*m.*)　肝臓
　 fois (*f.*)　回，倍

🎧 **問題 2**
066,
067
読まれるテキスト ···

Le mois dernier, avant de monter dans l'avion, Céline a eu une grande frayeur.　Elle *s'est présentée*① à l'aéroport 3 heures avant le départ prévu.　L'enregistrement de ses bagages, le contrôle de son *passeport*②, tout s'est passé sans problème.　En fait, *toutes ces formalités lui sont familières*③, car elle est hôtesse de l'air.

Elle attendait tranquillement l'heure de l'embarquement quand elle *s'est aperçue*④ qu'elle n'*avait*⑤ plus son billet d'avion.　Heureusement, un jeune garçon de 6 ans *l'a tirée d'embarras*⑥ : il *avait trouvé*⑦, par hasard, son billet devant une boutique.　Céline *l'a remercié*⑧ chaleureusement.

···

セリーヌの失敗談が 3 人称で述べられています．[se] [sɛ] の音が数回でてきます．指示形容詞，所有形容詞，代名動詞の複合過去の可能性を考えながら書き取りましょう．

① 代名動詞の複合過去です．再帰代名詞は直目ですから過去分詞は主語に性・数一致します．
② 英語の passport と綴り字を混同しないようにしましょう．
③ toutes ces を聞いた時点で主語が女性複数であることが分かりますから，その後の形容詞も一致させましょう．formalités の -s を忘れずに．
④ 代名動詞の複合過去です．再帰代名詞は直目ですから過去分詞の一致を忘れずに．
⑤ avait は主節と同時の事柄を表す直説法半過去です．
⑥ 〈tirer ＋人＋ d'embarras〉「(人) を窮地から救い出す」．attirer と間違えやすいですから内容で判断してください．l'a の l' (＝ la) は Céline です．過去分詞の一致を忘れずに．
⑦ 「彼女を救い出す」前に少年は「すでに見つけていた」ので時制は大過去です．

⑧ remercier は直目をとります．l'a の l' (= le) は jeune garçon ですから過去分詞の一致はありません．

(訳例)————————————————————

　先月飛行機に搭乗する前，セリーヌは冷や汗をかくような体験をしました．彼女は出発予定時刻の 3 時間前に空港に到着しました．荷物のチェックインやパスポートチェックなどすべて順調でした．実はセリーヌはスチュワーデスなので，これらの手続きは馴染みのものです．

　彼女は落ち着いて搭乗時刻を待っていました．そのとき，搭乗券がないことに気付きました．幸いにも 6 歳の少年が彼女をピンチから救い出してくれました．彼は偶然ある店の前でセリーヌの搭乗券を見つけたのでした．セリーヌはその少年に心からお礼を言いました．

 コ ラ ム ❧

「注意したい同音異義語」(3)

⑨ fond (*m.*)　底，奥
　fonds (*m.*)　資金

⑩ hors　〜の外に
　or (*m.*)　金

⑪ parti (*m.*)　政党
　partie (*f.*)　部分

⑫ panser　手当する
　penser　考える
　pensée (*f.*)　考え

🎧 068, 069 **問題 3**

読まれるテキスト

*Que faites-vous des emballages vides ou des sacs plastiques usagés*① ? Le mieux est, *évidemment*②, de les recycler mais il faut bien le faire.

Or, on voit partout des déchets qui traînent par terre et beaucoup de *ces ordures*③ finissent dans l'océan, constituant le « continent de plastique ». C'est un capitaine américain qui l'a découvert en 1997 dans *le Pacifique*④. Les plastiques *se désagrègent*⑤ avec le temps, ce qui *donne lieu à*⑥ *la mort de milliers d'oiseaux*⑦, qui *en avalent*⑧ par erreur.

何気なく捨てたゴミが大洋汚染や生き物の死につながっていることを述べているテキストです．複数形が多く使われています．冠詞などを手がかりに単・複を聞き分け，綴り字に注意しましょう．年号を表す数字は算用数字で書いてください．

① 〈faire A de B〉「B を A にする」．emballages と sacs の前の des は 2 つとも de ＋ les の縮約の des です．名詞と形容詞を複数にするのを忘れずに．

② évident のように語尾が -ent の形容詞から派生した副詞の語尾は -emment となります．ex. conscient → consciemment, prudent → prudemment, récent → récemment *cf.* p.125 ⑪

③ ces と ordures のリエゾンに注意しましょう．ordures は少し前にある déchets と同義語です．

④ 「太平洋」．*cf.* l'Atlantique 大西洋

⑤ 〈se désagréger〉「風化する，崩壊する」．活用形のアクサンに注意しましょう．

⑥ 〈donner lieu à〉「～を引き起こす」

⑦ la mort de ＋ des milliers d'oiseaux というつながりですから，前置詞 de の後の不定冠詞 des は省略されます．また〈des milliers de〉「多数の」の後の名詞は複数です．

⑧ リエゾンに注意．en は des plastiques を受けています．

　あなたは空になった容器や使用済みのポリ袋をどうしていますか？ 最もよいのはもちろんそれらをリサイクルすることですが，適切に行わなければなりません．

　ところが，いたるところで道端に散らかるこれらのゴミが見られます．そのゴミの多くは大洋へ流れ着き，「プラスチックの大陸」となるのです．1 人のアメリカ人の船長が 1997 年に太平洋でそれを発見しました．プラスチックは時とともに微細化し，多数の鳥がそれらを誤って飲み込み死亡しています．

 コラム

「注意したい同音異義語」(4)

⑬ plaie (*f.*)　傷
　plaît (＜ plaire)　〜の気に入る

⑭ poids (*m.*)　重さ
　pois (*m.*)　エンドウ（マメ）

⑮ reine (*f.*)　女王
　renne (*m.*)　トナカイ

⑯ roue (*f.*)　車輪
　roux　赤茶色の，赤毛の

🎧 **問題 4**
070,
071
読まれるテキスト ⋯⋯⋯⋯⋯⋯⋯⋯⋯⋯⋯⋯⋯⋯⋯⋯⋯⋯⋯⋯⋯⋯⋯⋯⋯⋯⋯⋯⋯⋯⋯⋯

Récemment[①], Julie *s'est inscrite*[②] au club municipal de marche à pied. Son médecin de famille lui *avait conseillé*[③] de faire du sport *pour être*[④] en meilleure forme. Le club propose, presque *tous les samedis*[⑤], des randonnées *au cours desquelles*[⑥] elle peut découvrir la richesse naturelle de son environnement.

Ce qui lui *plaît*[⑦], c'est l'ambiance conviviale du club. Les participants varient à chaque fois, mais ils deviennent tout de suite *amis*[⑧] et les éclats de rire se succèdent pendant la marche.

Depuis la dernière sortie, Julie diffuse sur les réseaux sociaux les photos qu'elle a *prises*[⑨], ce qui suscite l'intérêt de ses copines.

⋯⋯⋯

　ジュリーが入会したハイキングクラブの話です．過去分詞の性・数一致に気を付けましょう．

① récent から派生した副詞です．語尾の綴り字に注意しましょう．　cf. p.36 ②
② 代名動詞「～に登録する，加入する」の複合過去です．再帰代名詞は直目ですから過去分詞の一致を忘れずに．
③ クラブに入会する前に医者から助言を受けていたので，時制は直説法大過去です．
④ 類似発音の peut-être と間違えないようにしましょう．
⑤ 〈tous les ＋曜日（複数形）〉「毎週～曜日」
⑥ 分解すると au cours de ＋ lesquelles です．lesquelles は前の randonnées を受けています．desquelles は de ＋ les の縮約を含みます．
⑦ plaire の 3 人称単数．îのアクサンを忘れずに．
⑧ 主語 ils に合わせて複数にします．
⑨ 先行詞 les photos に一致して過去分詞を女性複数にします．

訳例

　最近ジュリーは市のハイキングクラブに入会しました．ホームドクターに，もっと健康でいるために運動することを勧められたからです．このクラブではほぼ毎週土曜日にハイキングがあり，その道中で地元の豊かな自然を発見することができます．

　彼女が気に入っているのは，クラブの和気あいあいとした雰囲気です．毎回参加メンバーは変わりますが，皆すぐに仲よくなり，歩いている間笑いが絶えません．

　前回のハイキングから，ジュリーは撮影した写真をソーシャルネットワークにアップし，友達もそれに関心をもっています．

 コラム

「注意したい同音異義語」(5)

⑰ sel (*m.*)　塩
selle (*f.*)　鞍
scelle (< sceller)　印を押す

⑱ statue (*f.*)　彫像
statut (*m.*)　身分規定，社会的地位

⑲ taux (*m.*)　率，割合
tôt　早く

⑳ voie (*f.*)　道
voix (*f.*)　声

問題 5

読まれるテキスト ....

La ville d'Edo *a été construite*① il y a environ 400 ans sur *des*② terrains marécageux. Au pied du château, à l'est, *était situé*③ un quartier commerçant, Nihonbashi, avec ses voies d'eau. Aujourd'hui, c'est encore un grand centre commercial et financier. *Des grands magasins*④, *dont*⑤ le plus ancien du Japon, et des complexes commerciaux *se sont développés*⑥ *le long de*⑦ l'avenue *principale*⑧.

Ce quartier *recèle*⑨ une particularité importante : son pont comporte le point zéro des distances kilométriques du pays.

....

　江戸の始まり，その中でも日本橋が発展してきた歴史が書かれているテキストです．受動態や関係代名詞など文法事項に留意しましょう．

① 受動態の複合過去です．過去分詞は主語と性・数一致します．
② その後の名詞の単・複に関わりますから聞きもらさないように注意しましょう．
③ 主語は un quartier commerçant で Nihonbashi と同格です．主語と動詞が倒置している文です．
④ 〈grand magasin〉「デパート」は合成語で一語として扱い，複数でも不定冠詞は des のままです．
⑤ 関係代名詞で，「～の一部に～がある」という意味です．
⑥ 代名動詞の複合過去です．再帰代名詞は直目ですから，主語に一致させて過去分詞は男性複数になります．
⑦ 「～に沿って」
⑧ avenue は女性名詞ですから -e を書き忘れないようにしましょう．
⑨ 〈receler〉「秘めている，内包する」．活用形のアクサンに注意しましょう．

江戸は約 400 年前に湿地帯に建設された街です．江戸城のもと，その東に運河と共に商業地域である日本橋が広がりました．今日でもなおここは商業と金融の一大中心地です．いくつかのデパート（その中には日本で最古のものがあります）や総合商業施設などが幹線道路沿いに発展しました．

この地区には重要な特徴があります．それはその橋にこの国の道路のキロポストの起点が設置されていることです．

コラム

「注意したい同音異義語」(6)　単語の切れ目やエリジオンに注意するもの

㉑ affaire (*f.*)　事柄，事件
à faire　するべき

㉒ l'effet (*m.*)　効果
les faits (*m.*)　出来事

㉓ plutôt　むしろ
plus tôt　もっと早く

㉔ quelquefois　ときどき
quelques fois　何度か

㉕ quoique　〜にもかかわらず
quoi que　何を〜しようとも

🎧 問題 **6**

074,
075

[読まれるテキスト] ....

Je travaille à mi-temps depuis 5 ans dans un magasin d'*une très célèbre chaîne américaine de cafés*①. Je vois passer beaucoup de monde chaque jour ; les clients sont principalement des étudiants qui profitent d'un espace non-fumeur pour faire *leurs devoirs*② *tout en buvant*③ tranquillement une boisson.

*Leur*④ premier magasin s'est ouvert en 1971 aux États-Unis. Au Japon, ça fait maintenant plus de 20 ans que cette chaîne *s'y est implantée*⑤. Par contre, en France, c'est beaucoup plus récent, seulement depuis 2004. On me demande souvent pourquoi j'ai choisi *d'y*⑥ travailler. Peut-être *est-ce*⑦ parce que j'adore boire du café comme beaucoup de Japonais d'ailleurs.

....

　アメリカのコーヒーショップチェーンの店で働いている人の話です．年号の聞き取りに慣れましょう．

① célèbre と américaine は chaîne に係ります．cafés は une chaîne de に続いているので複数です．

② devoirs は「宿題」の意味で使われるとき一般に複数です．その前の所有形容詞の -s も忘れずに．

③ ジェロンディフの前に，同時性の強調を表す副詞の tout が付いています．

④ ② と異なり，ここの所有形容詞は「カフェの 1 号店」なので単数です．

⑤ 代名動詞の複合過去の間に中性代名詞 y (= au Japon) が入っています．同音の si と間違えないようにしましょう．再帰代名詞は直目ですから過去分詞は主語に一致します．

⑥ de と中性代名詞 y (= dans ce café) のエリジオンです．choisir が不定詞を伴う場合の前置詞は de です．

⑦ 文頭に Peut-être があるので，c'est が倒置しています．トレ・デュニオンを忘れずに．

(訳例)

　私はとても有名なアメリカのコーヒーショップチェーン店で 5 年前からパートで働いています．毎日たくさんの人が店に立ち寄るのを見ています．客は主に学生たちで，飲み物をゆったり飲みながら宿題をするために禁煙エリアを利用しています．

　このコーヒーショップの 1 号店は 1971 年にアメリカ合衆国で開店しました．日本にこのチェーン店が進出してから今では 20 年以上経ちました．それに対してフランスでのこの店の開店はもっと最近の話で 2004 年のことにすぎません．なぜここで働くことを選んだのかとよく尋ねられます．おそらくそれは，多くの日本人と同じように，そもそも私がコーヒーを飲むのが大好きだからでしょう．

コラム

「-e で終わる男性名詞」

　語尾が -e の名詞は女性名詞であることが多いのですが，男性名詞の場合もあります．単語の性を覚えることは，形容詞や過去分詞の一致において聴力を補ってくれます．

ex.　acte　　　行為　　　　　charme　　魅力　　　　　domaine　分野

　　　échange　交換，交流　　équilibre　バランス　　espace　　空間，宇宙

　　　malaise　不調，違和感　(*cf.* aise (*f.*) くつろぎ)

　　　manque　　　不足　　　　　mélange　　　混合

　　　phénomène　現象　　　　　portefeuille　財布

　　　principe　　原理，原則　　reproche　　　非難

　　　risque　　　危険　　　　　vacarme　　　騒音

🎧 **問題 7**

076,
077

読まれるテキスト

Une enquête rapporte que les Français ne sont pas les gens les plus propres du monde. Par exemple, *un sur 5*① ne se douche pas tous les jours et au moins *la moitié*② avoue ne pas se laver les mains *après avoir pris*③ les transports *en commun*④. *Si*⑤ *beaucoup*⑥ se les lavent après être allés aux toilettes, *très peu*⑦ *le*⑧ font avant de sortir de leur travail, sauf les travailleurs manuels qui ne peuvent faire autrement.

En outre, les Français ne *font pas partie des*⑨ plus grands acheteurs de savons.

　フランス人の公衆衛生概念に関するテキストです．不定詞の複合形に注意しましょう．

① 前置詞 sur は「〜につき」という意味です．数字しか書かれていませんが，un Français sur cinq Français の意味です．Français は前文にあるので省略されています．

② ここでも Français が省略されています．la moitié des Français の意味です．

③ 前置詞 après に続く不定詞は複合形になります．

④ 「公共の」．類似発音の comment と混同しないように気を付けましょう．意味から判断しましょう．

⑤ 「対立」を表す接続詞です．

⑥ beaucoup de Français の意味です．

⑦ très peu de Français の意味です．

⑧ 中性代名詞の le です．se laver les mains を受けています．

⑨ 〈faire partie de〉「〜の一部をなす」．des は de ＋ les の縮約です．

　フランス人は世界で最も清潔な人々とは言えないという調査結果が報告されています．例えば，5人に1人は毎日シャワーを浴びるわけではないし，少なくとも半数の人が公共交通を利用した後，手を洗わないと言っています．トイレに行った後に手を洗う人は多いでしょうが，仕事から出るときに，せざるを得ない肉体労働者は別ですが，手を洗う人はごく僅かです．

　さらにフランス人は石けんを最も多く買い求める部類には入っていません．

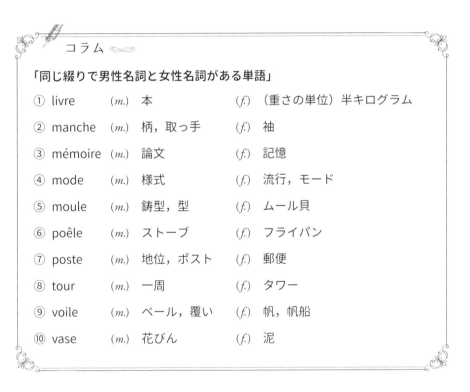

コラム

「同じ綴りで男性名詞と女性名詞がある単語」

①	livre	(m.)	本	(f.)	（重さの単位）半キログラム
②	manche	(m.)	柄，取っ手	(f.)	袖
③	mémoire	(m.)	論文	(f.)	記憶
④	mode	(m.)	様式	(f.)	流行，モード
⑤	moule	(m.)	鋳型，型	(f.)	ムール貝
⑥	poêle	(m.)	ストーブ	(f.)	フライパン
⑦	poste	(m.)	地位，ポスト	(f.)	郵便
⑧	tour	(m.)	一周	(f.)	タワー
⑨	voile	(m.)	ベール，覆い	(f.)	帆，帆船
⑩	vase	(m.)	花びん	(f.)	泥

問題 8

078,
079

[読まれるテキスト]

Vendredi dernier, en rentrant de son lycée à vélo, Jacques a entendu les cris d'une femme et *s'est précipité à son secours*①. La vieille femme, *bouleversée*②, lui a dit *qu'un*③ homme en noir lui *avait volé*④ son *sac à main*⑤ et *avait disparu*⑥.

Le lycéen a tout de suite décidé de poursuivre le voleur. Un peu plus loin, il a *repéré*⑦ un homme *tenant*⑧ un sac à main, semblable à *celui*⑨ qui *avait été arraché*⑩ quelques instants *auparavant*⑪. Jacques s'est jeté sur cette personne et *l'a maintenue*⑫ jusqu'à *l'arrivée*⑬ de la police.

L'adolescent, qui fait du rugby, a une grande résistance physique, c'est pourquoi il a accompli *cet acte audacieux*⑭.

ジャックの手柄話が 3 人称で語られています．このテキストは複合過去と大過去の聞き分けがポイントです．意味を考えながら書き取った文章を見直しましょう．

① 〈se précipiter au secours de ＋人〉「(人) を助けに駆けつける」．再帰代名詞は直目ですが，主語が Jacques（男・単）なので一致はありません．

② La vieille femme の様子を表していますから，女性単数です．

③ que ＋ un でエリジオンが起きています．文の流れから考え，qu'en や quand と間違えないようにしましょう．

④ 間接話法中なので，時制の一致により直説法大過去になります．

⑤ リエゾンに注意しましょう．*cf.* sac à dos [sakado] リュックサック

⑥ disparaître は複合時制の助動詞として avoir を用います．似ている形の apparaître は一般に助動詞として être を用います．④同様，時制の一致で大過去です．

⑦ réparer, rappeler と音が似ています．間違えないように聞き取りましょう．

⑧ tenir の現在分詞で，qui tenait の意味です．

⑨ un sac à main を受ける指示代名詞です．ce と lui を分割しないように注意しましょう．

⑩ 受動態の直説法大過去です．主語は celui なので一致はありません．

⑪ avant と同義で過去・未来のある時点を基準として「それより〜前に」を表します．現在を基準とする場合は il y a を用います．

⑫ l' (= la) は cette personne を受けますから，過去分詞の一致を忘れずに．

⑬ 動詞の不定詞 arriver と混同しないようにしましょう．

⑭ 最後の audacieux の発音から acte が男性名詞だと分かります．cet を cette と書かないように気を付けましょう．

(訳例)

　先週の金曜日，高校から自転車で帰宅するとき，ジャックは女性の叫び声を聞き助けに駆けつけました．老婦人が取り乱していて，黒い服を着た男がハンドバッグを盗んで姿を消した，と彼に言いました．

　この高校生はすぐに泥棒を追跡しようと決めました．彼は少し離れたところで，先刻引ったくられたハンドバッグによく似たバッグを持っている男に気付きました．ジャックはその人物に飛びかかり，警官が到着するまで男を取り押さえていました．

　ラグビーをしているこの青年は屈強な体力があったので，このように大胆な行動を成し遂げたのです．

　準1級の聞き取り 1 は，インタビューや対話などのテキストとそれに関する質問を聞き，問題冊子に印刷されている応答文の空所に適語を補う問題です．要領は次ページ（p.49）の指示文を参照してください．

　テキストは4～5つの対話で成り立ち，その後おおむね話の順序に沿って5つ程度の質問文が読まれます．解答箇所は10ヶ所，配点は10点です．あらかじめ応答文に目を通し，対話の内容を想像しておくとよいでしょう．

　答えとなる語は，テキストで読まれているものをそのまま入れる場合もありますが，性・数一致には常に注意しましょう．数字を聞き取って算用数字で書くこともありますから，数が出てきたらメモしておきましょう．また，テキスト通りの語をそのまま入れると応答文が成立しない場合もあります．たとえば，テキストでje を主語にして述べている内容が，応答文で3人称の主語に変わっているときは，動詞の活用形の変化が必要になります．さらに，品詞を変えたり，異なる同意表現を用いて書き直さなければならない設問もあるので，ここでも文法力と語彙力が問われます．

過去問 [▶解答 p.50]

- まず，Agnès へのインタビューを聞いてください．
- つづいて，それについての 5 つの質問を読みます．
- もう 1 回，インタビューを聞いてください．
- もう 1 回，5 つの質問を読みます．1 問ごとにポーズをおきますから，その間に，答えを解答用紙の解答欄にフランス語で書いてください．
- それぞれの（　）内に 1 語入ります．
- 答えを書く時間は，1 問につき 10 秒です．
- 最後に，もう 1 回インタビューを聞いてください．
- 数を記入する場合は，算用数字で書いてください．

（メモは自由にとってかまいません）

〈CD を聞く順番〉🎧 080 ➡ 081 ➡ 080 ➡ 082 ➡ 080

① C'est sa (　　　　　　) qui (　　　　　　) qu'on abandonne de vieux meubles.

② En (　　　　　　) ses premiers essais lors d'un salon (　　　　　　).

③ Pour adapter les vieux meubles au (　　　　　　) d'une pièce (　　　　　　).

④ À ce que les (　　　　　　) soient mieux (　　　　　　).

⑤ Elle donne des (　　　　　　) à ses clients chaque (　　　　　　).

解答欄

① ＿＿＿＿＿＿＿＿＿＿　＿＿＿＿＿＿＿＿＿＿

② ＿＿＿＿＿＿＿＿＿＿　＿＿＿＿＿＿＿＿＿＿

③ ＿＿＿＿＿＿＿＿＿＿　＿＿＿＿＿＿＿＿＿＿

④ ＿＿＿＿＿＿＿＿＿＿　＿＿＿＿＿＿＿＿＿＿

⑤ ＿＿＿＿＿＿＿＿＿＿　＿＿＿＿＿＿＿＿＿＿

【過去問】

〔読まれるテキスト〕……………………………………………………………………………

Le journaliste : Votre atelier propose de rénover des meubles. Comment avez-vous eu cette idée ?

Agnès : C'est ma cousine qui me l'a donnée. Elle regrettait qu'on abandonne de vieux meubles dans les greniers.

Le journaliste : Ce n'est pas difficile de trouver des clients ?

Agnès : Non, pas trop. J'ai commencé par acheter des meubles d'occasion. Je les ai rénovés et exposés lors d'un salon artistique. C'est là où j'ai rencontré mes premiers clients.

Le journaliste : Que faites-vous pour satisfaire vos clients ?

Agnès : Je vais souvent chez eux parce que dans mon métier, il ne suffit pas de peindre les vieux meubles. Il faut les adapter au décor d'une pièce moderne.

Le journaliste : À quoi faites-vous le plus attention ?

Agnès : Je cherche à mieux coordonner les couleurs. Plusieurs clients m'ont demandé comment faire. C'est ainsi que depuis peu, je leur donne des cours hebdomadaires.

〔読まれる質問〕

① Qui a donné à Agnès l'idée de rénover des meubles ?

② Comment Agnès a-t-elle rencontré ses premiers clients ?

③ Pourquoi Agnès va-t-elle chez ses clients ?

④ À quoi Agnès fait-elle le plus attention ?

⑤ Quelle est la nouveauté dans l'activité d'Agnès ?

① 「誰がアニェスに家具をリフォームするアイディアを与えましたか？」

　💡 記者の最初の質問に対してアニェスが「（女の）いとこ」と述べています．そのいとこは中古家具の放置を残念に思っていました．後半の（　）はテキスト通り，動詞を半過去で入れます．

② 「どのようにしてアニェスは最初の顧客と出会いましたか？」

　💡 アニェスの2番目の発言から考えます．テキストには中古家具を「リフォームし」「展示した」と2つの動詞が出てきますが，応答文では〈ses premiers essais〉「彼女の最初の試作品」が直目ですから，「展示する」を入れます．前半の（　）の前に en があるのでジェロンディフにします．後半の（　）はテキスト通りです．

③ 「なぜアニェスは顧客の家に行くのですか？」

　💡 アニェスの3番目の答え，Il faut... 以下に対応しています．テキスト通りです．

④ 「アニェスは何に最も注意していますか？」

　💡 アニェスの最後の発言の前半に対応しています．テキストでは je が主語になって「色彩をよりよくコーディネートしようと努める」となっていますが，応答文では〈faire attention〉が省略されて，〈à ce que〉からになっています．前半の（　）の前に les がありますから複数の主語です．つまり「色彩がよりよくコーディネートされる」と受動態になります．語順と過去分詞の性・数一致に注意しましょう．

⑤ 「アニェスの新しい活動は何ですか？」

　💡 アニェスが最後に述べています．「講座」は cour, courses など綴り字が似ている単語が多く間違えやすいので注意しましょう．hebdomadaire は「毎週の」という意味ですが，応答文では後半の（　）の前に chaque があるので semaine を入れることになります．類似表現として，chaque jour が quotidien(ne)，chaque mois が mensuel(le)，chaque année が annuel(le) に置きかえられることも確認しておきましょう．

テキスト訳例

記者:	あなたの工房は家具のリフォームを提案しています．どんな風にこのような考えを思いついたのですか？
アニェス:	私にアイディアをくれたのはいとこです．彼女は屋根裏部屋に古い家具が放置されているのを残念に思っていました．
記者:	顧客を見つけるのは難しくないですか？
アニェス:	いいえ，そうでもないです．私はまず中古の家具を買うことから始めました．それらをリフォームし，美術サロンで展示しました．そこで最初のお客様に出会ったのです．
記者:	顧客に満足してもらうためにどのようなことをしていますか？
アニェス:	私はしばしば彼らの家に行きます．というのも私の仕事においては，古い家具を塗装するだけでは十分ではないからです．それらを現代的な部屋の装飾に合わせなければなりません．
記者:	どのようなことに最も注意していますか？
アニェス:	色彩のコーディネートがさらによくなるように努めています．多くのお客様が私にどのようにしたらよいか尋ねます．それで，少し前から毎週顧客向けに講座を開いています．

応答文（解答）

① C'est sa (**cousine**) qui (**regrettait**) qu'on abandonne de vieux meubles.

② En (**exposant**) ses premiers essais lors d'un salon (**artistique**).

③ Pour adapter les vieux meubles au (**décor**) d'une pièce (**moderne**).

④ À ce que les (**couleurs**) soient mieux (**coordonnées**).

⑤ Elle donne des (**cours**) à ses clients chaque (**semaine**).

① 古い家具が放置されているのを残念に思っていた彼女のいとこです.
② 美術サロンで最初の試作品を展示することによってです.
③ 古い家具を現代的な部屋の装飾に合わせるためです.
④ 色彩がさらによくコーディネートされることです.
⑤ 彼女は毎週顧客に講座を開いています.

＊ここからは問題のみを記載します．聞き取りの要領は過去問の指示（p.49）を
参照してください．

問題 1 [▶解答 p.59]

● **Madame Petit** と **Hugo** の会話を聞いてください．

〈CD を聞く順番〉 🎧 083 ➡ 084 ➡ 083 ➡ 085 ➡ 083

① Parce qu'il a (   ) sa fille de la (   ).

② Elle (   ) en tenant sa (   ).

③ Il a vu sa chute dans le (   ) de sa caméra en
(   ) des passants.

④ Il était (   ) parce qu'il avait (   )
la veille.

⑤ On lui a pratiqué la respiration (   ) pendant
(   ) minutes.

解答欄

① _____   _____

② _____   _____

③ _____   _____

④ _____   _____

⑤ _____   _____

● **Sébastien** と **Virginie** の会話を聞いてください.

〈CD を聞く順番〉 🎧 086 ➡ 087 ➡ 086 ➡ 088 ➡ 086

① Les phases (   ) de la Coupe du monde de rugby s'y sont (   ).

② Non, excepté le match (   ) contre l'équipe de France en 2017, elle n'avait pas (   ) parler de cette équipe.

③ Ce sont celles de (   ), d'(   ) et d'Afrique du Sud.

④ Des équipes (   ) seulement peuvent (   ) ce tournoi.

⑤ Oui, parce qu'elle a (   ) cinq fois le Tournoi des Six Nations et a été trois fois (   ) de la Coupe du monde.

解答欄

① _____   _____

② _____   _____

③ _____   _____

④ _____   _____

⑤ _____   _____

問題 3 [▶解答 p.65]

● **Georges** へのインタビューを聞いてください.

〈CD を聞く順番〉 🎧 089 ➡ 090 ➡ 089 ➡ 091 ➡ 089

① Il est (   ) et il a sorti un livre (   ) les enfants et la télévision.

② Oui, lorsqu'il est chez (   ), il regarde principalement les (   ).

③ Oui, il achète un journal (   ) pour connaître les nouvelles de sa (   ).

④ Il ne suit (   ) série télévisée mais il regarde surtout des (   ).

⑤ Il regarde les (   ) sportives diffusées par des chaînes (   ).

解答欄

① _____ _____

② _____ _____

③ _____ _____

④ _____ _____

⑤ _____ _____

● **Andrea** へのインタビューを聞いてください.

〈CD を聞く順番〉🎧 092 ➡ 093 ➡ 092 ➡ 094 ➡ 092

① Elle est venue écouter un (　　　　　　) d'un ténor français qui est (　　　　　　) de Sicile.

② Oui, ils s'(　　　　　　) pour les grands chanteurs de leur (　　　　).

③ Ils chantent chez eux de grands (　　　　　) des opéras qu'ils ont (　　　　　).

④ C'est une chanson (　　　　　　) que les Italiens des quartiers (　　　　　) chantent beaucoup.

⑤ C'était un très grand ténor devant lequel les (　　　　　　) italiens s'(　　　　　).

解答欄

① _____　_____

② _____　_____

③ _____　_____

④ _____　_____

⑤ _____　_____

● **Nicolas** へのインタビューを聞いてください.

〈CD を聞く順番〉 🎧 095 ➡ 096 ➡ 095 ➡ 097 ➡ 095

① Ce sont des voyages dont la (　　　　　　　　) est choisie par l'agence et reste (　　　　　　　) jusqu'au départ.

② Non, elle est très simple. Les clients n'ont qu'à (　　　　　) le (　　　　　　) de l'agence.

③ Il voulait aider les gens qui ne pouvaient pas choisir le (　　　　　　) convenable pour leur voyage parce qu'il y a trop d'(　　　　　　).

④ Il (　　　　　　) a préparé plus d'une (　　　　　　).

⑤ Oui, la plupart d'entre eux se sont (　　　　　) favorables, d'abord surpris puis (　　　　　) de l'organisation.

解答欄

① _____　_____

② _____　_____

③ _____　_____

④ _____　_____

⑤ _____　_____

問題 ❶

083

読まれるテキスト ....

Madame Petit : Dites-moi ! C'est vous qui avez sauvé ma fille de la noyade ?

Hugo : Oui, c'est moi. Je n'ai fait que mon devoir.

Madame Petit : Merci beaucoup, jeune homme. Comme vous êtes gentil et courageux ! Mais enfin, que s'est-il passé ?

Hugo : Votre fille courait sur votre péniche. Elle avait l'air de jouer avec son ours en peluche. Puis, un coup de vent l'a fait glisser et tomber à l'eau.

Madame Petit : Quelle horreur ! Et vous, vous étiez sur la rive opposée à ce moment-là ?

Hugo : Oui, je filmais des passants qui se promenaient le long de la Seine pour faire un documentaire quand j'ai vu la chute dans le viseur de ma caméra. J'ai tout de suite plongé dans le fleuve sans penser à rien.

Madame Petit : Le niveau de l'eau n'était-il pas élevé à cause des pluies d'hier ?

Hugo : Je n'y ai pas fait attention, mais effectivement il était haut. Heureusement je l'ai attrapée par les bras. Je l'ai ramenée sur le quai. Grâce à la respiration artificielle que l'on a pratiquée, on l'a ranimée au bout de 3 minutes.

Madame Petit : Vous êtes vraiment son sauveur !

084,
085

読まれる質問

① Pourquoi Madame Petit remercie-t-elle Hugo ?

② Que faisait la fille de Madame Petit sur la péniche ?

③ Comment Hugo s'est-il aperçu que cette fille était tombée à l'eau ?

④ Comment était le niveau de la Seine ?

⑤ Qu'a-t-on fait pour ranimer la fille de Madame Petit ?

ヒントと解説

① 「プティ夫人はなぜユゴーに感謝しているのですか？」

💡 会話は溺れかけていた娘を救助してもらったプティ夫人の感謝の言葉から始まっています．テキスト 1 行目の … vous… avez sauvé… が応答文では … il a sauvé… となっていますが，前半の（　）に入れるのは過去分詞なのでテキスト通りです．

② 「プティ夫人の娘は船上で何をしていましたか？」

💡 プティ夫人は 2 番目の質問で経緯を尋ねています．ユゴーは娘が「走っていた」と述べた後，「ぬいぐるみのクマと遊んでいるようだった」と説明を加えています．応答文には en tenant「〜を持って」とありますから，peluche が入ります．sa の後なので ours を入れることはできません．

③ 「ユゴーはどのようにしてこの少女が水に転落したことに気付きましたか？」

💡 3 番目の質問に対するユゴーの応答から考えます．「カメラのファインダー越しに転落が見えた」と述べています．テキスト通りの語です．「撮影していたとき」は，テキストでは半過去を使っていますが，応答文では後半の（　）の前に en がありますから，ジェロンディフを用います．

④ 「セーヌ河の水位はどのようでしたか？」

💡 プティ夫人の 4 番目の質問とそれに対するユゴーの答えに対応しています．「水位が高かった」と表現するために，プティ夫人は élevé，ユゴーは haut と異なる形容詞を使っていますが，意味は同じなのでどちらも正解です．また後半の（　）については，テキストで用いられている「雨のせいで」という名詞句が「雨が降ったので」と従属節になっています．娘を助けた日の前日に雨が降ったわけですから大過去です．

⑤ 「プティ夫人の娘を蘇生させるために何が行われましたか？」

💡 ユゴーの最後の発言から考えます．〈au bout de〉は「〜後に」，つまり 3 分間の人工呼吸の後，蘇生したわけです．

テキスト訳例

プティ夫人：あのう！ 溺れかけていた私の娘を救ってくださったのはあなたです
　　　　　　か？

ユゴー　：はい，私です．私はなすべきことをしただけです．

プティ夫人：本当にありがとうございました．あなたはなんて親切で勇気のある方
　　　　　　なのでしょう！ でも一体何が起こったのでしょうか？

ユゴー　：お嬢さんはおたくの船の上を走っていました．ぬいぐるみのクマと遊
　　　　　　んでいるようでした．すると強い風が吹いて，お嬢さんは滑り，水に
　　　　　　落ちてしまったのです．

プティ夫人：なんて恐ろしいことでしょう！ それで，あなたはそのとき向こう岸に
　　　　　　いらしたのですか？

ユゴー　：はい，私はドキュメンタリーを作るためにセーヌ河畔を散歩する人々
　　　　　　を撮影していました．そのときカメラのファインダー越しにあなたの
　　　　　　お嬢さんが転落するのを見たのです．私はとっさに河に飛び込みまし
　　　　　　た．

プティ夫人：昨日の雨のせいで水位が高かったのではありませんか？

ユゴー　：気に留めませんでしたが，おっしゃる通り水位は高かったです．幸い
　　　　　　にもお嬢さんの腕をつかむことができました．そして河岸に連れ戻し
　　　　　　ました．人工呼吸がなされたおかげでお嬢さんは3分後に蘇生しまし
　　　　　　た．

プティ夫人：あなたは本当に娘の命の恩人です！

応答文（解答）

① Parce qu'il a (**sauvé**) sa fille de la (**noyade**).

② Elle (**courait**) en tenant sa (**peluche**).

③ Il a vu sa chute dans le (**viseur**) de sa caméra en (**filmant**) des
passants.

④ Il était (**haut / élevé**) parce qu'il avait (**plu**) la veille.

⑤ On lui a pratiqué la respiration (**artificielle**) pendant (**3**) minutes.

応答文訳例

① なぜなら彼が溺れかけていた彼女の娘を救ったからです。

② 彼女はぬいぐるみを持って走っていました。

③ 彼は通行人を撮影していたときにカメラのファインダー越しに彼女の転落を見ました。

④ 前日雨が降ったので水位は高かったです。

⑤ 3分間人工呼吸が彼女になされました。

問題 ②

086

読まれるテキスト

Sébastien : C'est en 2019 que les phases finales de la Coupe du monde de rugby à XV se sont déroulées au Japon. Connaissiez-vous l'équipe du Japon avant cet événement ?

Virginie : L'équipe de rugby du Japon avait fait match nul contre l'équipe de France en 2017, mais à part cela, je n'avais pas entendu parler du Japon en rugby. Je me demande si ce sport est vraiment attractif dans ce pays.

Sébastien : À votre avis, quels sont les sports les plus populaires au Japon ?

Virginie : Je pense d'abord au base-ball, puis au football et à un sport totalement japonais, les tournois de sumo.

Sébastien : Quelles sont les principales équipes de rugby à connaître ?

Virginie : Dans l'hémisphère sud, les plus connues sont celles de Nouvelle-Zélande, d'Australie et d'Afrique du Sud, et pour l'hémisphère nord, les équipes d'Angleterre, d'Irlande, du pays de Galles, d'Écosse, d'Italie et bien sûr de France. Ces équipes européennes disputent ensemble chaque année depuis l'année 2000, une compétition appelée « le Tournoi des Six Nations ».

Sébastien : La France a-t-elle une bonne équipe nationale ?

Virginie : Oui, je le pense, elle a par exemple gagné le Tournoi des Six Nations cinq fois et a été trois fois finaliste de la Coupe du monde de rugby.

087, 088

[読まれる質問]

① Quelle compétition a eu lieu en 2019 au Japon ?

② Virginie connaissait-elle l'équipe de rugby du Japon avant 2019 ?

③ Quelles sont les équipes de rugby les plus connues dans l'hémisphère sud ?

④ Qui peut participer au « Tournoi des Six Nations » ?

⑤ Virginie apprécie-t-elle l'équipe de rugby de France ?

[ヒントと解説]

① 「2019 年日本ではどのような対抗戦が行われましたか？」

　💡 テキスト 1 行目のセバスチヤンの発言から考えます．ほとんどテキスト通りです．au Japon が代名動詞複合過去中に中性代名詞 y となっていることに惑わされないようにしましょう．

② 「ヴィルジニーは 2019 年以前に日本ラグビーチームのことを知っていましたか？」

　💡 セバスチヤンが最初の発言でほぼ同じ質問をしています．それに対するヴィルジニーの答えから考えましょう．テキスト中の à part cela が応答文では excepté に置きかえられています．〈match nul〉は「引き分けの試合」です．

③ 「南半球で非常によく知られているラグビーチームはどこですか？」

　💡 セバスチヤンの 3 番目の質問に対するヴィルジニーの答えから考えます．国名の綴り字も代表的な国々は書けるようにしておきましょう．

④ 「『6 ヵ国トーナメント』には誰が参加できますか？」

　💡 ③ 同様ヴィルジニーの 3 番目の発言から考えます．後半の穴埋めは，テキ

ストでは disputent と活用形が入っていますが，応答文では peuvent があり
ますから不定詞が入ります.

⑤「ヴィルジニーはフランスラグビーチームを評価していますか？」

💡 ... une bonne équipe nationale ? というセバスチャンの質問に Oui, je le
pense... と答えています．その理由を述べているテキストから（　）内の語
が引き出せます.

(テキスト訳例)

セバスチャン：2019 年に 15 人制ラグビーのワールドカップ本大会が日本で行われ
　　　　　　ました．これ以前に日本ラグビーチームを知っていましたか？

ヴィルジニー：日本ラグビーチームは 2017 年のフランスチームとの対戦では引き分
　　　　　　けでした．それ以外ではラグビーで日本のことについて聞いたこと
　　　　　　がありません．このスポーツは日本で本当に魅力があるのかしら.

セバスチャン：あなたから見て，日本で非常に人気があるスポーツは何だと思いま
　　　　　　すか？

ヴィルジニー：まず野球でしょう．それからサッカー，そして純日本的なものでは
　　　　　　相撲だと思います.

セバスチャン：知っておくべき主なラグビーチームはどこでしょうか？

ヴィルジニー：南半球で非常に有名なチームはニュージーランド，オーストラリア，
　　　　　　南アフリカのチームです．北半球ではイングランド，アイルランド，
　　　　　　ウエールズ，スコットランド，イタリア，そしてもちろんフランス
　　　　　　のチームです．2000 年からこれらのヨーロッパチームは毎年「6 ヵ
　　　　　　国トーナメント」という対抗試合を行っています.

セバスチャン：フランスナショナルチームは優秀ですか？

ヴィルジニー：はい，そう思います．というのも 6 ヵ国トーナメントで 5 回優勝し，
　　　　　　ラグビーワールドカップでは 3 回決勝戦に進みましたから.

(応答文 (解答)) ....

① Les phases (**finales**) de la Coupe du monde de rugby s'y sont
(**déroulées**).

② Non, excepté le match (**nul**) contre l'équipe de France en 2017, elle n'avait pas (**entendu**) parler de cette équipe.

③ Ce sont celles de (**Nouvelle-Zélande**), d'(**Australie**) et d'Afrique du Sud.

④ Des équipes (**européennes**) seulement peuvent (**disputer**) ce tournoi.

⑤ Oui, parce qu'elle a (**gagné**) cinq fois le Tournoi des Six Nations et a été trois fois (**finaliste**) de la Coupe du monde.

[応答文訳例]

① ラグビーワールドカップの本大会がそこで行われました．

② いいえ，2017 年にフランスチームとの試合で引き分けたこと以外，彼女はこのチームについて話を聞いたことがありませんでした．

③ ニュージーランド，オーストラリア，南アフリカのチームです．

④ いくつかのヨーロッパのチームのみがこのトーナメントに出ることができます．

⑤ はい，なぜならフランスチームは 6 ヵ国トーナメントで 5 回優勝し，ワールドカップでは 3 回決勝戦に進んだからです．

[問題 ③]

089

[読まれるテキスト]

La journaliste : Bonjour Georges, vous êtes sociologue et vous venez de sortir un livre concernant les enfants et la télévision. Mais dites-moi, vous-même, regardez-vous régulièrement la télévision ?

Georges : Oui, comme tout le monde, je la regarde lorsque je suis à la maison.

La journaliste : Que regardez-vous principalement ?

Georges : Je regarde les informations au journal télévisé de 20 heures.

La journaliste : Achetez-vous un journal en plus ?

Georges : Oui, j'achète un journal local. Ayant entendu les nouvelles nationales et internationales à la télévision, j'ai envie d'en savoir un peu plus sur ma région.

La journaliste : En dehors des informations, suivez-vous, par exemple, des séries télévisées ?

Georges : Non, je regarde surtout des documentaires. Je regarde aussi les films d'aventures, comiques ou humoristiques, ainsi que les retransmissions d'opéras, de concerts et de récitals de musique classique.

La journaliste : Vous n'avez pas parlé des retransmissions sportives qui pourtant, en général, attirent le plus de téléspectateurs. Ne les regardez-vous pas ?

Georges : Si, mais celles qui passent sur des chaînes gratuites, c'est-à-dire, peu. Ce sont des chaînes payantes qui retransmettent principalement les événements sportifs et leurs abonnements sont chers.

090,
091

① Que fait Georges dans la vie ?

② Georges regarde-t-il régulièrement la télévision ?

③ Georges se procure-t-il un journal malgré la télévision ?

④ Georges suit-il des séries télévisées ou d'autres émissions ?

⑤ Quelles émissions de sport Georges regarde-t-il ?

ヒントと解説

① 「ジョルジュの職業は何ですか？」

　💡 出だしで記者がジョルジュの職業を紹介しています．... vous êtes
　sociologue... です．後半の穴埋めも本文に述べられていますから，テキスト
　通りの語が入ります．

② 「ジョルジュは定期的にテレビを見ますか？」

　💡 前半の（　）に関しては最初のジョルジュの応答の中で述べられています．
　ただし（　）の前に chez がありますから，être à la maison を同じ意味の異
　なる表現に変えましょう．後半の穴埋めは2番目の記者の質問に対するジョ
　ルジュの発言の内容です．Je regarde les informations... です．テキスト通
　りの語が入ります．

③ 「ジョルジュはテレビを見る以外に，新聞も買いますか？」

　💡 3番目のジョルジュの応答から考えます．買うのは un journal local ですか
　ら前半の（　）はテキスト通り local が入ります．後半の穴埋めにはその理
　由が入ります．テキスト中の ... j'ai envie... の部分から考えます．何につい
　て知りたいのかというと sur ma région です．穴埋め問題では人称が変わっ
　ていますから所有形容詞 sa に惑わされないようにしましょう．

④ 「ジョルジュは連続ドラマやほかの番組を見ていますか？」

　💡 記者の ... suivez-vous... des séries télévisées ? という質問に対してジョル
　ジュははっきりと Non と答えています．前半の（　）には，pas を入れた
　くなりますが，そうすると série の冠詞が抜けてしまい文が成立しません．
　〈ne... aucun(e) ＋名詞〉「どんな～も～ではない」の構文を考えます．（　）
　の次の名詞が série ですから aucun を女性形にします．後半の穴埋めはジョ
　ルジュが「特に」見ると述べているジャンル名が入ります．

⑤ 「ジョルジュはどのようなスポーツ番組を見ていますか？」

　💡 記者は最後にスポーツ中継について質問しています．Ne les (＝ les
　retransmissions sportives) regardez-vous pas ? それに対してジョルジュは
　Si と答えていますから見ることは見るけれど，ただし ... sur des chaînes
　gratuites... です．

記者：　こんにちは，ジョルジュさん，あなたは社会学者で，子どもとテレビ
　　　　に関する本をつい最近出版しました．ところであなたご自身は定期的
　　　　にテレビをご覧になりますか？

ジョルジュ：はい，皆さん同様，家にいるときは見ています．

記者：　主にどんなものを見るのですか？

ジョルジュ：20時のテレビジャーナルでニュースを見ます．

記者：　新聞も買いますか？

ジョルジュ：はい，地方紙を買います．国内外のニュースはテレビで見るので，自
　　　　分の地域のニュースをもう少し知りたいのです．

記者：　ニュース以外では，例えば連続ドラマなどは見ますか？

ジョルジュ：いいえ，私は特にドキュメンタリーを見ます．冒険映画やコメディー
　　　　やユーモラスな映画も見ます．他にはオペラやクラシック音楽のコン
　　　　サートやリサイタルの中継も見ます．

記者：　スポーツ中継は挙げませんでしたね．一般的には最も視聴者が多いの
　　　　ですが．それらは見ないのですか？

ジョルジュ：見ますよ．ただし無料チャンネルで放映されているものです．つまり
　　　　少ないです．スポーツイベントを中継しているのは主に有料チャンネ
　　　　ルで，その加入料金は高いですからね．

① Il est (**sociologue**) et il a sorti un livre (**concernant**) les enfants et la
télévision.

② Oui, lorsqu'il est chez (**lui**), il regarde principalement les
(**informations**).

③ Oui, il achète un journal (**local**) pour connaître les nouvelles de sa
(**région**).

④ Il ne suit (**aucune**) série télévisée mais il regarde surtout des
(**documentaires**).

⑤ Il regarde les (**retransmissions**) sportives diffusées par des chaînes (**gratuites**).

応答文訳例

① 彼は社会学者で子どもとテレビに関する本を出版しました．

② はい，家にいるとき，主にニュースを見ます．

③ はい，彼は自分の地域のニュースを知るために地方紙を買います．

④ 彼は連続ドラマは一切見ませんが，ドキュメンタリーを特に見ます．

⑤ 彼は無料チャンネルで放映されるスポーツ中継を見ます．

問題 4

092 　読まれるテキスト

Le journaliste : Vous êtes venus écouter un récital d'un chanteur, ténor français d'origine sicilienne, pouvez-vous me dire pourquoi ?

Andrea : J'aime le beau chant, et je suis moi-même française d'origine italienne. Comme tout Italien qui se respecte, ma famille et moi avons admiré et encouragé les plus grands ténors italiens.

Le journaliste : Pouvez-vous me citer ces ténors italiens ?

Andrea : Chaque génération a eu son idole. Mes grands-parents s'enthousiasmaient pour Beniamino Gigli, mes parents et moi pour Luciano Pavarotti.

Le journaliste : Allez-vous souvent voir des opéras et connaissez-vous les airs les plus célèbres ?

Andrea : Oui, nous sommes allés voir beaucoup d'opéras et tous nous avons chanté et chantons à la maison de grands airs de ces opéras. Mais pour les Italiens des quartiers populaires, les airs les plus chantés sont en fait, des « chansons napolitaines » dont la plus fameuse « O Sole Mio ».

Le journaliste : Maintenant, en Italie, il n'y a pas vraiment un très grand ténor devant lequel les spectateurs peuvent s'extasier, depuis la mort de Luciano Pavarotti.

Andrea : Effectivement, mais ce ténor français qui est actuellement peut-être le meilleur, est d'origine sicilienne, alors…

093, 094 🎧 読まれる質問

① Qu'est-ce qu'Andrea est venue écouter ?

② Ses grands-parents et ses parents se passionnaient-ils aussi pour l'opéra ?

③ Qu'est-ce qu'Andrea et sa famille chantent chez eux ?

④ Quel genre de chanson est « O Sole Mio » ?

⑤ Qui était le chanteur Luciano Pavarotti ?

ヒントと解説

① 「アンドレアは何を聴きに来たのですか?」
　　🔅記者の第1の質問の中に答えがあります.テキストではフランス人テノールの出身地について〈d'origine＋形容詞〉の表現を用いていますが,応答文では（　）de Sicile となっていますから,同じ意味の〈être originaire de ＋地名〉を使って答えましょう.

② 「彼女の祖父母や両親もオペラに夢中になっていましたか?」
　　🔅アンドレアの2番目の答え Chaque génération… から考えます.応答文の前半の（　）の前が s' となっていることから,読まれる質問で用いられている se passionnaient は使えません.テキスト中の s'enthousiasmaient を入れます.

③「アンドレアと彼女の家族は自宅で何を歌いますか？」

　💡 3番目のアンドレアの発言中に … nous avons chanté et chantons à la maison de grands airs de ces opéras. とあります．後半の（　）にはテキストで用いられている voir の過去分詞が入りますが，意味から考えて écoutés も可能です．いずれにしても，関係代名詞 qu' (que) の先行詞 opéras に性・数一致します．

④「『オー・ソレ・ミオ』はどのようなジャンルの歌ですか？」

　💡 3番目のアンドレアの発言の後半部分です．… pour les Italiens des quartiers populaires... の部分から考えましょう．彼らがよく歌うのは chansons napolitaines です．その中で … la plus fameuse « O Sole Mio ». と述べています．

⑤「ルチアーノ・パヴァロッティはどのような歌手でしたか？」

　💡 ジャーナリストの最後の発言です．パヴァロッティが死去した現在，観客が s'extasier できる歌手がいない，ということは，パヴァロッティにはそれができたわけです．後半の（　）に入れる動詞は半過去にします．

テキスト訳例

記者：　　皆さんはシチリア出身のフランス人テノール歌手のリサイタルを聴きにおいでになりましたが，その理由をお話しください．

アンドレア：私はすばらしい歌が好きです．それに私自身イタリア出身のフランス人です．イタリア人の名にたがわず，私の家族も私もイタリアの偉大なテノールたちを鑑賞し応援してきました．

記者：　　そのイタリア人テノールを挙げてもらえますか？

アンドレア：それぞれの世代にそれぞれお気に入りがいます．私の祖父母たちはベニャミーノ・ジーリ，私の両親と私はルチアーノ・パヴァロッティに夢中になっていました．

記者：　　皆さんはよくオペラに行くのですか，有名なアリアをご存知ですか？

アンドレア：はい，私たちはたくさんのオペラを見に行きました．そして家では全員これらのオペラの有名なアリアを歌いましたし，今も歌っています．でも下町のイタリア人たちが非常によく歌っているのは，実は「ナポリ民謡」です．最も有名なのが「オー・ソレ・ミオ」です．

記者： ルチアーノ・パヴァロッティが亡くなってから，現在イタリアでは観客がうっとりするような，非常に偉大なテノール歌手は一人もいませんね．

アンドレア：そうですね．でもこのフランス人テノールは今のところおそらく最高で，シチリア出身です．それで…

応答文（解答）

① Elle est venue écouter un (**récital**) d'un ténor français qui est (**originaire**) de Sicile.

② Oui, ils s'(**enthousiasmaient**) pour les grands chanteurs de leur (**génération**).

③ Ils chantent chez eux de grands (**airs**) des opéras qu'ils ont (**vus / écoutés**).

④ C'est une chanson (**napolitaine**) que les Italiens des quartiers (**populaires**) chantent beaucoup.

⑤ C'était un très grand ténor devant lequel les (**spectateurs**) italiens s'(**extasiaient**).

応答文訳例

① 彼女はシチリア出身のフランス人テノール歌手のリサイタルを聴きに来ました．

② はい，彼らは自分たちの世代の偉大な歌手たちに熱中していました．

③ 彼らは家でこれまでに観たオペラの有名なアリアを歌います．

④ それは下町のイタリア人がよく歌うナポリ民謡です．

⑤ 彼は非常に偉大なテノール歌手で，イタリア人の観客たちは彼の面前でうっとりしていました．

095

| La journaliste : | Votre agence de voyages propose des circuits originaux. De quel genre de voyages s'agit-il ? |

La journaliste : Votre agence de voyages propose des circuits originaux. De quel genre de voyages s'agit-il ?

Nicolas : Il s'agit de « circuits mystères ». Nous choisissons la destination à la place des clients et elle reste secrète jusqu'à leur départ.

La journaliste : Comment peut-on faire une réservation ?

Nicolas : C'est très simple. Nous demandons aux clients de remplir notre questionnaire afin de connaître le nombre de personnes, la date de départ prévue, la durée envisagée de leur voyage, leur budget possible et leurs préférences. Ce sont les réponses des clients qui détermineront notre choix.

La journaliste : Comment vous est venue l'idée de ces voyages ?

Nicolas : Je rencontrais souvent des clients qui voulaient partir en voyage mais qui ne savaient pas le lieu pouvant leur convenir, en raison d'une grande quantité d'informations diffusées. J'ai pensé les aider en choisissant pour eux.

La journaliste : Quelles sont les réactions de ceux qui ont essayé ces circuits mystères ?

Nicolas : Depuis que nous avons commencé à les proposer, nous avons préparé plus d'une centaine de circuits. La plupart des participants s'y sont montrés favorables : ils ont éprouvé d'abord une grande surprise à cause de la destination inattendue proposée, mais ensuite de la satisfaction quant à l'organisation du voyage.

🎧

[読まれる質問]

① Que sont « les circuits mystères » ?

② Une réservation est-elle compliquée à effectuer ?

③ Comment Nicolas a-t-il eu l'idée de ce genre de voyage ?

④ Combien de circuits Nicolas a-t-il préparé jusqu'à maintenant ?

⑤ Ce voyage a-t-il plu à ceux qui l'avaient essayé ?

[ヒントと解説]

① 「『ミステリーツアー』とは何ですか？」

💡 記者が初めにほぼ同じ質問をしています．応答文は関係代名詞 dont を用いた表現になっていますが，聞き取るべき単語はテキストの中にあります．後半の（　）は主語に合わせて女性単数になります．

② 「予約の方法は複雑ですか？」

💡 2番目の答えでニコラは「予約は簡単」と述べてその方法を紹介しています．テキストでは Nous が主語ですが，応答文では Les clients が主語となり，〈n'avoir qu'à ＋不定詞〉「～しさえすればよい」が使われています．

③ 「ニコラはこのタイプの旅行をどのように思いつきましたか？」

💡 ニコラの3番目の発言に対応しています．表現が言いかえられているものの，答えとなる単語はテキスト通りです．

④ 「ニコラは今までいくつのツアーを企画しましたか？」

💡 ニコラは最後の発言の前半で，… nous avons préparé plus d'une centaine de circuits. と述べています．de circuits の部分を中性代名詞にかえて答えます．〈une centaine de〉や〈un millier de〉などの概数にも耳を慣らしておきましょう．

⑤ 「この旅行を体験した人々はこれを気に入りましたか？」

💡 体験者の感想は最後に述べられています．〈se montrer ＋形容詞〉は「（自分が）～であることを示す」．複合過去で用いるとき過去分詞は主語に性・数一致します．後半の（　）は，ツアー参加者が旅行の手配に「満足」したとすればよいので，テキスト中の satisfaction から派生した satisfaits を入れます．同じ意味の contents も可能です。いずれにしても男性複数にするのを忘れないようにしましょう．

記者：　あなたの旅行会社ではユニークなツアーを提案していますね．それはどの
　　　　ような種類の旅行ですか？

ニコラ：それは「ミステリーツアー」です．私たちがお客様の代わりに旅行先を選び，
　　　　出発までずっと秘密にしておきます．

記者：　どのように予約できますか？

ニコラ：とても簡単です．私どもはお客様の人数，出発予定日，滞在予定期間，可
　　　　能な予算とお好みを知るために，質問用紙へのご記入をお願いしておりま
　　　　す．私たちがどのような旅行を選択するかの決め手となるのはお客様の答
　　　　えです．

記者：　このような旅行をどのように思いついたのですか？

ニコラ：私は，旅行に行きたいのだけれど自分たちにぴったりの旅行先がどこなの
　　　　かわからないというお客様方にしばしば出会ってきました．大量の情報が
　　　　発信されていますからね．私が代わりに旅先を選ぶことで，そういったお
　　　　客様方のお役に立てると考えたのです．

記者：　このミステリーツアーを試した人々の反応を教えてください．

ニコラ：こうした旅行の提案を始めてから，我々は 100 以上のツアーを企画しまし
　　　　た．ほとんどの参加者は好印象をもっておられます．提案された思いがけ
　　　　ない旅行先に最初はとても驚かれますが，旅行の手配には満足していらっ
　　　　しゃいます．

① Ce sont des voyages dont la (**destination**) est choisie par l'agence et
reste (**secrète**) jusqu'au départ.

② Non, elle est très simple. Les clients n'ont qu'à (**remplir**) le
(**questionnaire**) de l'agence.

③ Il voulait aider les gens qui ne pouvaient pas choisir le (**lieu**)
convenable pour leur voyage parce qu'il y a trop d'(**informations**).

④ Il (**en**) a préparé plus d'une (**centaine**).

⑤ Oui, la plupart d'entre eux se sont (**montrés**) favorables, d'abord surpris puis (**satisfaits / contents**) de l'organisation.

応答文訳例 ....

① それは旅行代理店が旅行先を選び，出発まで秘密にしておく旅行です．

② いいえ，とても簡単です．客は旅行代理店の質問用紙に記入するだけです．

③ 彼は，情報が多すぎて自分たちに合った旅行先を選べない人たちの役に立ちたいと思っていました．

④ 100 以上のツアーを企画しました．

⑤ はい，彼らの大部分はまず驚き，次に旅行の手配に満足して好感を抱きました．

　準1級の聞き取り②は，一定の長さ（200語程度）のテキストが読まれた後，その内容について述べた文（①〜⑩）が読まれ，それらの正誤を答える問題です．要領は次ページ（p.78）を参照してください．配点は10点，テキストの内容は，モノローグで自らの体験を回想するものや，3人称の説明文などです．

　テキストは2回続けて読み上げられます．1回目は大まかに状況を把握しましょう．問題用紙には冒頭に「Thomasの話を聞いてください．」というような指示が書いてあります．語り手の職業，その他の登場人物，いつ，どこで起きた話なのか，などできるだけ多くの情報をつかみましょう．説明文であれば何度も使われる語に着目してテーマを探ります．2回目の読み上げ時は，細かいポイントをメモしていきます．数字も算用数字で書き留めておきましょう．

　10の正誤文も2回続けて読み上げられます．テキストをさまざまな形で言いかえた文章の理解には広範な表現力が要求されます．また，正誤文の前半はテキストに合致しているが後半に誤りがある，というように正誤が混ざっている場合もあるので要注意です．判断に困った文はチェックしておき，最後にもう一度テキストが読まれるときに確認しましょう．

過去問 [▶解答 p.79]

- まず，Thomas の話を 2 回聞いてください．
- 次に，その内容について述べた文 ① 〜 ⑩ を 2 回通して読みます．それぞれの文が話の内容に一致する場合は解答欄の ① に，一致しない場合は ② にマークしてください．
- 最後に，もう 1 回 Thomas の話を聞いてください．
（メモは自由に取ってかまいません）

〈CD を聞く順番〉 🎧 098 ➡ 098 ➡ 099 ➡ 099 ➡ 098

解答番号	解答欄		解答番号	解答欄	
①	①	②	⑥	①	②
②	①	②	⑦	①	②
③	①	②	⑧	①	②
④	①	②	⑨	①	②
⑤	①	②	⑩	①	②

過去問

098 〔読まれるテキスト〕

　　Longtemps, j'ai travaillé dans une société informatique à Paris. Mais je me demandais souvent comment l'argent que je gagnais pouvait être utile.　J'ai beaucoup voyagé en Asie.　Les voyages m'ont ouvert les yeux : pourquoi avais-je autant et les autres si peu ?　Quelle injustice !　En avril 2003, quand j'ai visité une école au Népal, il n'y avait aucun livre dans la bibliothèque.　Je n'en revenais pas.　Alors j'y suis retourné l'année suivante avec un camion chargé de 3 000 livres ! J'avais envoyé un mail à mes amis pour leur demander des ouvrages pour enfants dont ils ne se servaient plus.　Finalement, j'ai changé de métier et créé une organisation, « La salle à lire ».

　　Bien sûr, ma première action n'était qu'une toute petite chose. Mais je me suis dit qu'il fallait commencer petit et grossir ensuite.　Je me suis d'abord concentré sur le Népal.　Aujourd'hui, « La salle à lire » est présente dans neuf pays, bientôt dix avec l'Éthiopie.　D'autres pays nous attendent, comme le Sénégal, le Brésil, etc.　Nous employons 550 personnes en plus des 10 000 bénévoles qui nous aident.　En 10 ans, nous avons distribué 9 millions de livres, ouvert 11 000 bibliothèques et 1 500 écoles.　Je suis persuadé qu'aucun rêve n'est irréalisable.

099 〔読まれる内容について述べた文（正誤文）〕

① Quand Thomas travaillait dans une société informatique, il pensait rarement à la manière de dépenser son argent.

② Ce sont ses voyages qui ont fait découvrir à Thomas qu'il était vraiment privilégié.

③ Thomas a été très étonné de ne pas trouver un seul livre dans la bibliothèque d'une école au Népal.

④ Thomas a envoyé par la poste 3 000 livres à la bibliothèque d'une école au Népal.

⑤ Les amis de Thomas lui ont donné des livres dont ils n'avaient plus besoin.

⑥ Thomas n'a toujours pas quitté son travail dans l'informatique.

⑦ Thomas a pensé qu'il devait commencer petit et devenir grand après.

⑧ « La salle à lire » sera bientôt présente dans dix pays.

⑨ L'organisation qu'a créée Thomas a moins de 500 employés.

⑩ Thomas a élargi le champ de ses activités.

ヒントと解説

① 「トマが IT 企業で働いていたとき，彼は自分のお金の使い方についてめったに考えませんでした.」

💡 … je me demandais souvent… ですから，しばしば考えていました.

② 「自分は本当に恵まれているということをトマに気付かせたのは彼の旅行です.」

💡 トマはアジアに何度も旅行し，そのおかげで … pourquoi avais-je autant et les autres si peu ? ということに気付いた，旅行が自分の目を開かせたと語っています.

③ 「トマはネパールのある小学校の図書室にただの1冊も本がないことにとても驚きました.」

💡 … il n'y avait aucun livre…「1冊も本がなかった」ことについて，Je n'en revenais pas. と述べています.〈n'en pas revenir〉「非常に驚く」は〈être très étonné〉と言いかえることができます.

④ 「トマはネパールのある小学校の図書室に 3000 冊の本を郵送しました.」

💡 本の冊数は正しいですが，par la poste が間違っています. トマはこれらの本を un camion で運びました.

⑤「トマの友人たちは不要になった本をトマに提供しました.」

  💡テキストの … dont ils ne se servaient plus. と正誤文の … dont ils n'avaient plus besoin. は同じ意味です.

⑥「トマはまだ IT 関係の仕事を辞めていません.」

  💡Finalement, j'ai changé de métier... と述べていますから, トマは転職しました.

⑦「トマは小さいことから始めてその後事業を大きくしなければならないと考えました.」

  💡テキストでは … commencer petit et grossir ensuite. と同様の表現を用いています.

⑧「『読書室』は間もなく 10 ヵ国で活動することになります.」

  💡現在 9 ヵ国で展開し, これから開館するエチオピアを含めれば 10 ヵ国になります.

⑨「トマが創設した団体の職員は 500 人足らずです.」

  💡ボランティアは 1 万人, 雇っている職員は 550 人です. 大きな数の聞き取りにも慣れておきましょう.

⑩「トマは自らの活動範囲を広げました.」

  💡トマが創設した「読書室」は, 10 年間で 900 万冊の本を配布し, 1 万 1000 の図書館を開館, 1500 の小学校を開校したと述べていますから, 活動範囲は広がっています.

(訳例)

　　長い間, 私はパリの IT 企業で働いていました. しかし私は, どうすれば自分の稼いでいるお金を役立てることができるだろうかとしばしば考えていました. 私はアジアに何度も旅行しました. その旅行によって目が開かれたのです. なぜ私はこんなに多くをもち他の人たちはあれほど少ししかもっていないのか？何という不公平でしょう！2003 年 4 月にネパールの小学校を訪れたとき, 図書室には 1 冊も本がありませんでした. 心底驚きました. それで翌年, 3000 冊の本を積みこんだトラックとともに, この小学校を再訪したのです！事前に友人たちにメールを送り, もう読まなくなった子ども向けの本を頼んでおきました. 結局私

は転職し，「読書室」という団体を創設しました．

　もちろん私の最初の活動はほんの小さなものにすぎませんでした．しかし私は小さいことから始めてそれを大きく育てなければならない，と自分に言い聞かせたのです．当初はネパールの援助に専念しました．今日では「読書室」は9ヵ国に展開し，間もなく10ヵ国目のエチオピアにもオープンします．セネガルやブラジルなど他の国々からの要請もあります．私たちは手伝ってくれる1万人のボランティアの人々に加えて550人の職員を雇っています．私たちは10年間で900万冊の本を配布し，1万1000の図書館を開館し，1500の小学校を開校しました．私はどのような夢であっても実現しないものはないと確信しています．

解答 ....

① ②　　② ①　　③ ①　　④ ②　　⑤ ①　　⑥ ②　　⑦ ①　　⑧ ①　　⑨ ②　　⑩ ①

＊ここからは問題のみを記載します．聞き取りの要領は過去問の指示（p.78）を
　参照してください．

【問題 1】 [▶解答 p.85]

● **Léa** の話を聞いてください．

〈CD を聞く順番〉🎧 100 ➡ 100 ➡ 101 ➡ 101 ➡ 100

解答番号	解答欄		解答番号	解答欄	
①	①	②	⑥	①	②
②	①	②	⑦	①	②
③	①	②	⑧	①	②
④	①	②	⑨	①	②
⑤	①	②	⑩	①	②

【問題 2】 [▶解答 p.88]

● **Richard** の話を聞いてください．

〈CD を聞く順番〉🎧 102 ➡ 102 ➡ 103 ➡ 103 ➡ 102

解答番号	解答欄		解答番号	解答欄	
①	①	②	⑥	①	②
②	①	②	⑦	①	②
③	①	②	⑧	①	②
④	①	②	⑨	①	②
⑤	①	②	⑩	①	②

問題 3 [▶解答 p.91]

● **Barbara** の話を聞いてください.

〈CD を聞く順番〉 🎧 104 ➡ 104 ➡ 105 ➡ 105 ➡ 104

解答番号	解答欄		解答番号	解答欄	
①	①	②	⑥	①	②
②	①	②	⑦	①	②
③	①	②	⑧	①	②
④	①	②	⑨	①	②
⑤	①	②	⑩	①	②

問題 4 [▶解答 p.94]

● **Alexandre** の話を聞いてください.

〈CD を聞く順番〉 🎧 106 ➡ 106 ➡ 107 ➡ 107 ➡ 106

解答番号	解答欄		解答番号	解答欄	
①	①	②	⑥	①	②
②	①	②	⑦	①	②
③	①	②	⑧	①	②
④	①	②	⑨	①	②
⑤	①	②	⑩	①	②

問題 5 [▶解答 p.97]

● **Stéphanie** の話を聞いてください.

〈CD を聞く順番〉 🎧 108 ➡ 108 ➡ 109 ➡ 109 ➡ 108

解答番号	解答欄		解答番号	解答欄	
①	①	②	⑥	①	②
②	①	②	⑦	①	②
③	①	②	⑧	①	②
④	①	②	⑨	①	②
⑤	①	②	⑩	①	②

問題 1

読まれるテキスト

Je fais du vélo depuis presque 3 mois pour éviter les embouteillages. Je vais tous les jours emmener, puis chercher ma fille de 3 ans à la crèche sans être en retard, grâce au vélo. Et le week-end, je vais pédaler, soit au bord de la mer soit en forêt, avec mon mari et des amis. Après une semaine bien remplie, j'ai besoin de me promener dans la nature pour récupérer de l'énergie et un bon moral.

Mais le problème, c'est que l'on respire des gaz d'échappement tous les matins et tous les soirs. C'est mauvais pour la santé. On s'expose au risque de cancer du poumon et de maladies cardiaques. Et l'autre problème, c'est que l'on voit beaucoup de cyclistes ne pas respecter le code de la route. Il faut s'arrêter aux feux rouges et ne pas emprunter les trottoirs, puisque le vélo est considéré comme un véhicule. Je vois aussi souvent des cyclistes slalomer entre les voitures qui circulent normalement. De plus, actuellement, il n'y a pas de moyens antivol qui soient à la fois pratiques et efficaces. J'essaie au moins de ne pas garer mon vélo dans les petites rues mal éclairées.

読まれる内容について述べた文（正誤文）

① Léa s'est mise à utiliser le vélo il y a 3 ans.

② La crèche a demandé à Léa de venir chercher sa fille en vélo.

③ Léa peut arriver à l'heure à la crèche en échappant aux bouchons.

④ Léa apprécie de se promener à vélo pour remonter son moral.

⑤ Léa ne fait du vélo qu'en semaine parce qu'elle a besoin de reposer ses poumons de l'effet des gaz d'échappement le week-end.

⑥ Le vélo augmente le risque de cancer du poumon plus que la cigarette.

⑦ Il faut respecter les règles routières réservées aux vélos.

⑧ Certains cyclistes vont rouler entre les autres véhicules.

⑨ Léa fait attention de ne pas laisser son vélo dans les rues sombres.

⑩ Léa a vu un jeune homme voler une bicyclette dans une petite rue.

───

［ヒントと解説］

① 「レアは3年前に自転車を使い始めました.」
　🔅テキストでは … depuis presque 3 mois… とあります.

② 「保育園はレアに自転車で娘を迎えに来るよう求めました.」
　🔅確かにレアは … emmener, puis chercher ma fille… à la crèche… grâce au vélo. と述べていますが，その crèche が自転車での送り迎えを求めたとまでは述べていません.

③ 「レアは渋滞を避けて時間通りに保育園に着くことができます.」
　🔅レアが自転車に乗り始めた理由は … pour éviter les embouteillages. でした. 自転車を使っての保育園への送り迎えは … sans être en retard… とあります.

④ 「レアは元気を出すために自転車での散策を評価しています.」
　🔅レアは何のために … me promener dans la nature… を必要としているのでしょうか？ … pour récupérer… で述べられています.

⑤ 「レアは週末は排気ガスから自分の肺を休ませることが必要なので，平日にしか自転車に乗りません.」
　🔅Et le week-end, je vais pédaler… です.

⑥ 「自転車はたばこより肺がんの危険性を増加させます.」
　🔅確かに街中で自転車を走らせるときの問題点の一つとして，レアは gaz d'échappement を挙げ risque de cancer du poumon と述べていますが，たばこと比較してはいません.

⑦ 「自転車のための交通法を守らなければなりません.」
　🔅〈réservé(e) à...〉は「〜専用の」という意味です. 自転車専用の法律があるわけではなく，自転車は … est considéré comme un véhicule. ですから，code de la route を守らなければならないと述べています.

⑧「他の乗り物の間を走る自転車乗りがいます.」

　💡レアはしばしば自転車に乗っている人が … slalomer entre les voitures… を目撃しています.

⑨「レアは自分の自転車を薄暗い道に放置しないよう注意しています.」

　💡レアが自転車泥棒の予防で実行していることは … ne pas garer… dans les petites rues mal éclairées. です.〈faire attention de(à)＋不定詞〉(de の方が口語的) は「〜するように注意する」という意味です.

⑩「レアは1人の若い男が路地で自転車を盗むところを見ました.」

　💡実際に自転車泥棒を目撃したとは述べていません.

訳例

　私は3ヶ月ぐらい前から渋滞を避けるために自転車に乗っています. 毎日3歳の娘の保育園への送り迎えを自転車のおかげで遅れることなく行っています. 週末には夫や友人たちとペダルをこいで海岸に行ったり森に行ったりしています. ぎっしり詰まった1週間を過ごした後では, 活力と気力をとり戻すために自然の中の散策が私には必要なのです.

　しかし問題は毎朝毎晩排気ガスを吸っているということです. 健康によくありません. 肺がんや心臓病の危険にさらされています. もう一つの問題は交通法を守らない自転車乗りがたくさんいることです. 赤信号では止まり, 歩道を走ってはいけません. なぜなら自転車は車の仲間なのですから. 私はまた, 正しく走行している車の間をジグザグに走っている自転車をよく見かけます. さらに, 今のところ, 自転車の盗難に対する便利でかつ有効な方法がありません. 私はせいぜい薄暗い路地には自分の自転車を置かないようにしています.

解答

① ②　② ②　③ ①　④ ①　⑤ ②　⑥ ②　⑦ ②　⑧ ①　⑨ ①　⑩ ②

問題 ②

読まれるテキスト 102 ⌢

J'ai toujours aimé dessiner depuis mon enfance. Mes parents, grands amateurs de beaux-arts, m'emmenaient souvent dans divers musées. C'est mon père qui m'a inscrit à un cours de dessin hebdomadaire dans notre quartier. J'ai eu la joie de le suivre de 5 à 12 ans. Toutefois, je savais que je n'étais pas fait pour être peintre, il me manquait un esprit créatif. C'est ainsi que je me suis orienté vers la restauration de tableaux. C'est un métier qui me permet de rénover des œuvres d'art sans avoir besoin d'originalité. La formation est longue et exigeante pour devenir restaurateur. Il faut 5 ans d'études y compris 35 semaines de stage. On apprend non seulement le dessin et la copie d'œuvres, mais aussi l'histoire de l'art et la connaissance des techniques utilisées actuellement. Les stages que j'ai faits à Dijon et à Venise, d'une même durée tous les deux, m'ont aidé à découvrir concrètement la mesure de ce travail. Le rôle du restaurateur est de redonner une seconde vie à une œuvre d'art abîmée ou mal conservée. La patience et la minutie sont des qualités nécessaires, mais il faut surtout avoir du respect vis-à-vis de l'œuvre et de la passion pour ce métier. En ce moment, je travaille dans un atelier avec une dizaine de restaurateurs professionnels, mais j'aimerais avoir mon propre atelier plus tard.

⌢ 103 **読まれる内容について述べた文（正誤文）**

① Richard se rendait souvent dans les musées en famille.

② Richard a suivi un cours de dessin chaque semaine pendant 12 ans.

③ Il est difficile de devenir restaurateur sans avoir l'esprit créatif.

④ Les parents de Richard souhaitaient que leur fils devienne peintre.

⑤ Richard ne voulait pas choisir un métier n'ayant rien à voir avec la peinture.

⑥ Pour devenir restaurateur, il faut connaître les techniques les plus récentes.

⑦ Richard a fait ses stages en France pendant plus de 8 mois.

⑧ Après ses stages, Richard a eu une vision plus concrète de sa carrière.

⑨ Pour effectuer la restauration d'œuvres d'art, il est indispensable d'être patient et minutieux.

⑩ L'atelier que dirige Richard est composé de plusieurs restaurateurs professionnels.

[ヒントと解説]

① 「リシャールは家族でよく美術館に出かけていました.」
　💡grands amateurs de beaux-arts だった両親がよく美術館に連れていってくれた, と回想しています.

② 「リシャールは 12 年間毎週絵画のレッスンに通いました.」
　💡同じ 12 ans という表現を用いているものの, 絵画教室に通っていたのは 5 歳から 12 歳までであり, 12 年間ではありません.

③ 「創造性がなければ絵画修復家になるのは困難です.」
　💡リシャールは, 自分には esprit créatif が manquait していたから画家ではなく絵画修復家の道を目指すことにした, と述べています.

④ 「リシャールの両親は息子が画家になることを望んでいました.」
　💡リシャールの両親が行ったのは息子を美術館に連れていったことと, 絵画を習わせたことだけで, 彼らの願望についてはテキスト中では語られていません.

⑤ 「リシャールは絵画と何ら関係のない職業を選びたくありませんでした.」
　💡originalité をもっていなくても芸術作品の修復に携わることのできる職業として絵画修復家を選びました.

⑥ 「絵画修復家になるには最新の技術を知らなければなりません.」

    ☝ 美術史や … techniques utilisées actuellement. を知らなければならないと述べています.

⑦ 「リシャールはフランスで 8 ヵ月を超える研修を受けました.」

    ☝ 35 週間の研修は「ディジョン（フランス）とヴェネチア（イタリア）でそれぞれ同じ期間受けた」わけですから，フランス国内での研修は約 4 ヵ月です.

⑧ 「研修を終えたあと，リシャールは自分の進む道のビジョンをより具体的に理解しました.」

    ☝ 研修のおかげで … découvrir concrètement la mesure de ce travail. が可能になりました.

⑨ 「美術品の修復を行うために，忍耐強いことと緻密であることは不可欠です.」

    ☝ テキストでは la patience, la minutie と名詞を用いていますが，正誤文では patient, minutieux と形容詞が使われていることに注意しましょう.

⑩ 「リシャールが経営する工房には何人ものプロの修復家がいます.」

    ☝ いつか自分自身の工房をもちたいと述べていますが，今は一従業員として他の修復家たちと atelier で働いています.

(訳例)

　私は子ども時代からずっと絵を描くのが好きでした．両親も美術が大好きで，しばしばいろいろな美術館に私を連れていってくれました．近所の絵画教室の週に一度のレッスンに私を申し込んだのは父です．私は 5 歳から 12 歳までこのレッスンに楽しく通いました．しかしながら，私は画家には向いていないことが自分で分かっていました，私には創造性が欠けていたのです．そういうわけで，私は絵画修復の道を目指すことにしました．この仕事のおかげで，独創性をもっていなくても芸術作品の修復ができることになったのです．絵画修復家になるための養成は長く厳しいものです．35 週間の研修を含む 5 年の学業を修めなくてはなりません．デッサンや作品の模写だけでなく，美術史や現在使われている技術についての知識も学びます．ディジョンとヴェネツィアでそれぞれ同じ期間受けた研修を通して，私はこの仕事の大きさを具体的に見出すことができました．修復家の務めは，破損したり保存状態の悪い芸術作品に第 2 の命を与えることです．忍耐力と緻密さはなくてはならない資質ですが，とりわけ作品を尊重する気持ち

とこの仕事への情熱が欠かせません．現在私は 10 人程度のプロの修復家ととも
にある工房で働いていますが，将来は自分自身の工房をもちたいと思っています．

問題 ③

104

読まれるテキスト ......

　Jeudi prochain, je vais passer mon premier entretien d'embauche
dans une entreprise de construction. Comme je ne savais pas comment
m'habiller, j'ai appelé ma cousine Emma pour lui demander conseil.
Elle est plus âgée que moi de 3 ans et elle s'occupe des recrutements
dans une compagnie d'assurances. Emma m'a dit qu'en général,
il valait mieux choisir des tenues sobres et classiques. Selon elle, la
discrétion est une qualité toujours estimée des employeurs. À ma
question sur le choix entre la jupe noire et la jupe bleue, elle m'a
recommandé la première en disant que celle-ci était mieux adaptée à la
circonstance. Contrairement à ma volonté de mettre mon chemisier
à fleurs pour me sentir plus chic, Emma m'a conseillé un simple
chemisier blanc pour ne pas me faire trop remarquer. En plus, à son
avis, ce qui compte autant que les vêtements, c'est qu'ils doivent être
bien propres et impeccablement repassés. Il en est de même pour les
chaussures. Les noires à talons moyens sont préférables, et elles doivent
être bien cirées. Grâce à ses conseils très pratiques, le choix de la tenue
est décidé, ce qui m'a complètement soulagée.

🎧 **105** ┃ **読まれる内容について述べた文（正誤文）**

① Barbara a déjà passé plusieurs entretiens d'embauche.

② Barbara a consulté Emma au téléphone pour préparer son dossier de candidature.

③ Emma est entrée dans la vie active 3 ans plus tôt que Barbara.

④ Emma travaille dans le service du personnel d'une entreprise de construction.

⑤ En général, les vêtements aux couleurs voyantes ne sont pas vus d'un bon œil par les employeurs.

⑥ Emma pense que la jupe noire est plus convenable lors de l'entretien d'embauche que la bleue.

⑦ Barbara pensait mettre son chemisier à fleurs pour ne pas se faire remarquer.

⑧ Emma a recommandé à Barbara de se présenter avec une tenue soignée.

⑨ Barbara va porter des chaussures noires à talons hauts pour aller bien avec son tailleur.

⑩ Emma est arrivée à rassurer Barbara avec ses conseils fondés sur ses propres expériences.

⋯⋯⋯

ヒントと解説

① 「バルバラはこれまでに何度も就職面接を受けたことがあります．」

　💡 … je vais passer mon premier entretien… ですから，バルバラはこれから初めての就職面接を受けます．

② 「バルバラは出願書類を準備するためにエマに電話で相談しました．」

　💡 エマに電話をかけたのは，服装について相談するためです．… comment m'habiller… の箇所です．

③ 「エマはバルバラより3年早く社会人になりました．」

💡 エマはバルバラより3歳年上ですが，いつ社会人になったかについては述べられていません．

④「エマは建設会社の人事部で働いています．」

　💡 エマは採用の担当をしていますが，働いているのは〈compagnie d'assurances〉「保険会社」です．バルバラの面接先の〈entreprise de construction〉「建設会社」と混同しないように．

⑤「一般的に，派手な色の服装は雇用主には好意的に見られません．」

　💡 une qualité estimée は discrétion です．

⑥「エマは，就職面接のときは青いスカートよりも黒いスカートの方がふさわしいと考えています．」

　💡 … elle m'a recommandé la première… の箇所です．la première は「前者」ですから la jupe noire を受けます．

⑦「バルバラは，目立たないように花柄のブラウスを着ようとしていました．」

　💡 バルバラは花柄のブラウスを着ようとしていましたが，その理由は … pour me sentir plus chic… です．

⑧「エマはバルバラに，手入れの行き届いた服装で面接に行くようにすすめました．」

　💡 tenue soignée は impeccablement repassés や，bien cirées と同じ意味で使われています．

⑨「バルバラはスーツによく合うように黒のハイヒールを履くつもりです．」

　💡 エマが勧めたのは黒のミドルヒールです．またスーツについては言及がありません．

⑩「エマは自らの経験に基づいたアドバイスによってバルバラを安心させることができました．」

　💡 テキストの最後で … ce qui m'a complètement soulagée. と述べています．

[訳例]

　来週の木曜日，私は建設会社で初めての就職面接を受けます．どのような服装にすればよいのかわからなかったので，私はいとこのエマに電話してアドバイスを求めました．彼女はわたしより3歳年上で，保険会社の採用担当をしています．エマは私に，一般的には地味でオーソドックスな服装をするのがいいわ，と言い

ました．彼女によれば，つつましさというのは常に雇用主の評価が高い資質です．スカートは黒と青のどちらがよいかという私の質問に対し，エマはこうした場面により適しているからと述べて黒いスカートを勧めました．よりおしゃれ感が出るように花柄のブラウスを着ようとしていた私の意に反し，エマはあまり目立ちすぎないように白いシンプルなブラウスを勧めました．それに加えて服装と同じくらい大切なのは，衣服がこの上なく清潔で完璧にアイロンがけしてあることだとエマは考えています．靴についても同様です．ミドルヒールの黒靴が好ましく，しっかり磨いておかなければなりません．エマのとても有益なアドバイスのおかげで服装が決まり，私はすっかり安心しました．

[解答]

① ②　② ②　③ ②　④ ②　⑤ ①　⑥ ①　⑦ ②　⑧ ①　⑨ ②　⑩ ①

[問題 4]

106

[読まれるテキスト]

Après avoir obtenu mon baccalauréat, j'ai quitté la maison familiale à Angers pour étudier le droit à Paris. Au début, j'étais très content de vivre tout seul pour la première fois de ma vie. Mais la réalité n'était pas si facile. Le coût de la vie étudiante est beaucoup plus élevé que je ne le croyais. Le loyer, qui est particulièrement cher à Paris, représente la moitié de mes charges. Les frais de transport en commun, 75 euros par mois, pèsent aussi fortement sur mon portefeuille. En dehors de cela, il faut penser aux frais de nourriture, frais d'électricité etc., et au total, les dépenses sont de 1 260 euros chaque mois. Je reçois une aide financière de la part de mes parents et l'allocation logement, mais tout cela ne me dispense pas de travailler. J'ai un travail à mi-temps dans la bibliothèque de l'université 3 jours par semaine, et je donne un cours particulier à un collégien une fois par semaine. J'aimerais travailler davantage pour me faciliter la vie, mais j'ai peur qu'un emploi du temps trop chargé me fasse risquer un redoublement.

Mes parents m'ont dit qu'avant, les jeunes devenaient indépendants dès l'entrée à l'université même si leurs parents habitaient dans la même ville. Ils se débrouillaient tant bien que mal. Je pense que les jeunes d'aujourd'hui ont plus de difficultés pour être financièrement indépendants.

107 〔読まれる内容について述べた文（正誤文）〕

① Les parents d'Alexandre ont déménagé d'Angers à cause des études de leurs fils.

② Avant d'entrer à l'université, Alexandre estimait à peu près correctement le coût de la vie étudiante.

③ Depuis qu'Alexandre s'est installé à Paris, les loyers ne cessent d'augmenter.

④ Alexandre se sert d'un vélo pour ses déplacements quotidiens.

⑤ Alexandre paie 630 euros de loyer mensuel.

⑥ Les parents d'Alexandre le soutiennent financièrement pour alléger sa charge personnelle.

⑦ Alexandre a une bourse nationale qui lui permet de financer ses frais de logement.

⑧ Alexandre travaille à mi-temps dans un collège pour mettre de l'argent de côté.

⑨ Alexandre s'inquiète d'échouer à ses examens s'il travaille plus.

⑩ D'après les parents d'Alexandre, les jeunes d'autrefois restaient moins longtemps dans la maison familiale.

ヒントと解説

① 「アレクサンドルの両親は息子の学業のためにアンジェから引っ越しました.」
　💡 大学入学を機にアンジェの実家を離れたのはアレクサンドル自身で, 両親については何も述べていません.

② 「大学に入る前, アレクサンドルは大学生の生活費をほぼ正確に予想していました.」
　💡 … beaucoup plus élevé que je ne le croyais. です. 虚辞の ne を否定の ne ととり違えないようにしましょう.

③ 「アレクサンドルがパリに住み始めてから, 家賃は値上がりし続けています.」
　💡 パリの家賃が高いと指摘していますが, 値上がりについての言及はありません.

④ 「アレクサンドルは日常的な移動手段として自転車を利用しています.」
　💡 自転車については述べていません. 公共交通の費用が月額 75 ユーロ計上されていますから, メトロかバスを利用していると考えられます.

⑤ 「アレクサンドルは毎月 630 ユーロの家賃を支払っています.」
　💡 家賃の金額そのものは明示されていませんが, 月々の支出が 1260 ユーロで家賃はその半分を占めていると述べています.

⑥ 「アレクサンドルの両親は息子の負担を軽減するために, 彼を経済的に支援しています.」
　💡 彼は … une aide financière de la part de mes parents… を受け取っています.

⑦ 「アレクサンドルは国の奨学金を受給し, 家賃の支払いに充てています.」
　💡 両親の援助以外にアレクサンドルが受けているのは, 〈allocation logement〉「住宅手当」で, これは bourse「奨学金」とは異なります.

⑧ 「アレクサンドルは貯金をするために中学でアルバイトをしています.」
　💡 アルバイトをしているのは大学の図書館と中学生の家庭教師です. また, 〈mettre de l'argent de côté〉「貯金をする」ことがアルバイトの目的ではありません.

⑨ 「アレクサンドルは仕事を増やすと留年するのではないかと心配しています.」
　💡 emploi du temps trop chargé が redoublement を引き起こす恐れがあると心配しています.

⑩ 「アレクサンドルの両親によれば, 昔の若者たちの方が実家にいる期間が短かったです.」

💡両親は，昔の大学生は大学入学と同時に独立し，〈tant bien que mal〉「なんとか」切り抜けていた，とアレクサンドルに述べました．

(訳例)

　バカロレアを取得したあと，パリで法律を学ぶため私はアンジェの実家を離れました．当初，私は人生初の1人暮らしに大満足でした．しかし現実はそれほど容易なものではありませんでした．学生の生活費は想像以上に高額だったからです．家賃はとりわけパリでは高く私の支出の半分を占めています．公共交通の費用は月に75ユーロで，これも私の財布に重くのしかかっています．それ以外に食費や電気料金などのことも考えなければならず，支出総額は毎月1260ユーロにのぼります．両親は経済的に援助してくれていますし，住宅手当も受け取っていますが，それでも私は働かざるを得ません．私は週に3日，大学の図書館でアルバイトをし，週に1回中学生の家庭教師をしています．生活を楽にするためにもう少し仕事を増やしたいものの，あまり仕事を入れすぎると留年の恐れがあります．

　私の両親は，昔の若者たちは親と同じ街に住んでいても大学に入ると同時に独立したものだ，と私に言いました．彼らはなんとかうまくやっていたのです．私は今日の若者たちの方が経済的に独立するために苦労していると思います．

(解答)

① ②　② ②　③ ②　④ ②　⑤ ①　⑥ ①　⑦ ②　⑧ ②　⑨ ①　⑩ ①

問題 5

(読まれるテキスト)

108

　Mon mari, Loïc, a travaillé pendant 40 ans dans la formation des chiens policiers.　Après avoir pris une retraite anticipée, il a ouvert une école pour chiens à notre domicile.　Il voudrait servir les habitants de la ville en tirant profit de son expérience professionnelle.　De nos jours, plus de 7 millions de chiens sont élevés comme animaux de compagnie en France. Les chiens correctement éduqués sont heureux parce qu'ils s'intègrent bien dans leur famille et dans la société.

Nous proposons des cours individuels ou des cours collectifs selon le caractère des chiens. Dans tous les cas, la méthode est pareille, elle s'appuie sur la récompense et non sur la punition. Si le chien obéit à son maître par crainte d'être puni, ils ne peuvent pas entretenir de bonnes relations.

Moi, j'aide souvent mon mari dans son travail parce que j'ai aussi une vraie passion pour les chiens. Mais le meilleur assistant de Loïc, c'est Max, notre bouledogue. Il est sociable, il aime les visiteurs et il est aimé de tous. Il sait calmer les chiens agressifs ou peureux.

Nous acceptons de temps en temps de garder nos anciens élèves pendant les vacances de leurs maîtres et nous prenons plaisir à les retrouver.

🎧 **読まれる内容について述べた文 (正誤文)**
109

① Loïc travaillait dans la formation des policiers avant de fonder une école pour chiens.

② Loïc a pris prématurément sa retraite pour se lancer dans un nouveau projet.

③ Loïc a profité de son ancien travail afin de trouver un bon terrain pour son école à proximité de chez lui.

④ En France, plus de 7 millions de personnes ont pour compagnon un chien.

⑤ Une bonne intégration des chiens à la vie sociétale leur apporte le bonheur.

⑥ Loïc accepte de donner des cours particuliers suivant les cas.

⑦ Loïc pense que la relation dominée par la peur doit être remplacée par celle qui privilégie la récompense.

⑧ Stéphanie se fait fort d'être la meilleure assistante de son mari.

⑨ Max a la qualité d'être capable de s'entendre avec des chiens de caractères différents.

⑩ Pendant les vacances, s'ils ont de la place, Loïc et Stéphanie gardent les chiens des voisins.

ヒントと解説

① 「ロイックは犬の学校を創立する前，警察官の養成に携わっていました．」
　💡 ロイックが養成していたのは policiers ではなく chiens policiers です．

② 「ロイックは新たな企画に乗り出すために早く引退しました．」
　💡 〈retraite anticipée〉「定年前の退職」を言いかえると prendre prématurément sa retraite となります．

③ 「ロイックは自宅の近くに学校用のよい土地を見つけるために，かつての仕事を利用しました．」
　💡 ロイックは à notre domicile で犬の学校を開校しました．またかつての仕事の経験は土地を探すためではなく，… servir les habitants de la ville... のために活かされています．

④ 「フランスでは 700 万人以上の人々がペットとして犬を飼っています．」
　💡 700 万は飼われている犬の数です．数字が何を表しているのか，注意して聞きましょう．

⑤ 「社会生活にうまく順応することは犬に幸せをもたらします．」
　💡 Les chiens correctement éduqués sont heureux... と述べています．

⑥ 「ロイックは状況に応じて単独レッスンも行います．」
　💡 cours individuels と cours particuliers は同じ意味です．

⑦ 「ロイックは恐怖により支配する関係をごほうびが優先する関係にかえなければばならないと考えています．」
　💡 Si le chien obéit à son maître par crainte... の箇所です．文頭の Si は譲歩を

表します．

⑧「ステファニーは夫の最良の助手であると自負しています．」

💡 ステファニーは学校を手伝っていますが，meilleur assistant はロイックとステファニーが飼っているブルドッグの Max です．

⑨「マックスはさまざまな性格の犬とうまく合わせることができます．」

💡 マックスは sociable で，chiens agressifs でも chiens peureux でも落ち着かせることができます．

⑩「ヴァカンスの間，場所に余裕があればロイックとステファニーは近所の人たちの犬を預かります．」

💡 最後の文で，近所の犬ではなく彼らの学校の卒業生である犬を，飼い主のヴァカンス中に預かることがときどきあると述べています．

（訳例）

　私の夫ロイックは，40 年間警察犬訓練士の仕事をしてきました．早期退職したあと，夫は自宅で犬の学校を始めました．自らの職業経験を生かして街の住民の役に立ちたいと望んでいるからでしょう．フランスでは今日 700 万匹以上の犬がペットとして飼われています．きちんとしつけられた犬は家族にも社会にもうまく順応し幸せです．

　私たちは犬の性格に応じて，単独レッスンまたは集団レッスンを提案します．どのような場合でも訓練法は同じで，懲罰ではなくごほうびに基づいています．犬が叱られることを恐れて飼い主の言うことを聞いたとしても，彼らはよい関係を維持することができません．

　私はしばしば夫の仕事の手伝いをします．というのも私も犬が大好きだからです．しかしロイックの最良の助手は，我が家のブルドッグのマックスです．マックスは社交的で，お客さんが好きで皆から愛されています．彼は攻撃的な犬も，臆病な犬もなだめることができます．

　飼い主さんのヴァカンス中に，レッスンを受けていた犬たちを預かることもときどきあります．犬たちとの再会は嬉しいものです．

（解答）

① ② 　② ① 　③ ② 　④ ② 　⑤ ① 　⑥ ① 　⑦ ① 　⑧ ② 　⑨ ① 　⑩ ②

実用フランス語技能検定試験
聞き取り試験問題冊子 〈準 1 級〉

書き取り・聞き取り試験時間は、
16 時 50 分 から 約 35 分 間

先に書き取り試験をおこないます。解答用紙表面の書き取り試験注意事項をよく読んでください。書き取り試験解答欄は裏面にあります。
この冊子は指示があるまで開かないでください。

◇筆記試験と書き取り・聞き取り試験の双方を受験しないと欠席になります。
◇問題冊子は表紙を含め 4 ページ、全部で 2 問題です。

書き取り・聞き取り試験注意事項

1 途中退出はいっさい認めません。
2 書き取り・聞き取り試験は、CD・テープでおこないます。
3 解答用紙の所定欄に、**受験番号**と**カナ氏名**が印刷されていますから、まちがいがないか、**確認**してください。
4 CD・テープの指示にしたがい、中を開いて、日本語の説明をよく読んでください。フランス語で書かれた部分にも目を通しておいてください。
5 解答はすべて別紙の書き取り・聞き取り試験解答用紙の解答欄に、**HB または B**の黒鉛筆（シャープペンシルも可）で記入またはマークしてください。ボールペンや万年筆等でマークした解答は機械による読み取りの対象とならないため、採点されません。
6 問題内容に関する質問はいっさい受けつけません。
7 **携帯電話等の電子機器の電源はかならず切って、かばん等にしまってください。**通信機能のある時計は使用を禁じます。
8 **時計のアラームは使用しないでください。**
9 この試験問題の複製（コピー）を禁じます。また、この試験問題の一部または全部を当協会の許可なく他に伝えたり、漏えいしたりすることを禁じます（インターネットや携帯サイト等に掲載することも含みます）。

© 公益財団法人フランス語教育振興協会

－ 1 －

実用フランス語技能検定試験（準1級）書き取り／聞き取り 試験　解答用紙

書き取り試験注意事項　（書き取り試験解答欄は裏面にあります。）

フランス語の文章を、次の要領で3回読みます。全文を書き取ってください。

- 1回目は、ふつうの速さで全文を読みます。内容をよく理解するようにしてください。
- 2回目は、ポーズをおきますから、その間に書き取ってください（句読点も読みます）。
- 最後に、もう1回ふつうの速さで全文を読みます。
- 読み終わってから3分後に、聞き取り試験にうつります。
- 数を書く場合は、算用数字で書いてかまいません。（配点 20）

会　場　名

氏　　　名

会場コード　　受験番号

記入およびマークについての注意事項

1. 解答にはかならずHBまたはBの黒鉛筆（シャープペンシルも可）を使用してください。ボールペンや万年筆等でマークした解答は機械による読み取りの対象とならないため、採点されません。
2. 記入は**太線の枠内**に、マークは○の中を**正確に塗りつぶして**ください（下記マーク例参照）。採点欄は塗りつぶさないでください。
3. 訂正の場合は、プラスチック製消しゴムできれいに消してください。
4. 解答用紙を折り曲げたり、破ったり、汚したりしないでください。

マーク例

良い例	悪い例

書き取り試験
採点欄

聞き取り試験

1

解答番号	解 答 欄	採点欄
(1)		
(2)		
(3)		

解答番号	解 答 欄	採点欄
(4)		
(5)		

2

解答番号	解 答 欄	解答番号	解 答 欄
(1)	① ②	(6)	① ②
(2)	① ②	(7)	① ②
(3)	① ②	(8)	① ②
(4)	① ②	(9)	① ②
(5)	① ②	(10)	① ②

準1級書き取り試験　解答欄

書き取り試験　[▶解答 p.106]

注意事項

- フランス語の文章を次の要領で3回読みます．全文を書き取ってください．
- 1回目は，ふつうの速さで全文を読みます．内容をよく理解するようにしてください．
- 2回目は，ポーズをおきますから，その間に書き取ってください（句読点も読みます）．
- 最後に，もう1回ふつうの速さで全文を読みます．
- 読み終わってから3分後に，聞き取り試験に移ります．
- 数を書く場合は，算用数字で書いてかまいません．

〈CDを聞く順番〉🎧 110 ➡ 111 ➡ 110

1 注意事項

- まず，Thérèse へのインタビューを聞いてください．
- つづいて，それについての5つの質問を読みます．
- もう1回，インタビューを聞いてください．
- もう1回，5つの質問を読みます．1問ごとにポーズをおきますから，その間に，答えを解答欄にフランス語で書いてください．
- それぞれの（ ）内に1語入ります．
- 答えを書く時間は，1問につき10秒です．
- 最後に，もう1回インタビューを聞いてください．
- 数を記入する場合は，算用数字で書いてください．
（メモは自由に取ってかまいません）

〈CD を聞く順番〉🎧 112 ➡ 113 ➡ 112 ➡ 114 ➡ 112

① Elle travaille comme (　　　　　　) d'enseignement et s'occupe de toutes les choses concernant la (　　　　　　).

② Elle a étudié la (　　　　　　) et la (　　　　　　).

③ Elle (　　　　　　) sur (　　　　　　) lycéens cette année.

④ Oui, elle fait l'(　　　　　　) des élèves après les avoir (　　　　　　) à 8h15.

⑤ Parce que les élèves lui (　　　　　　) confiance et lui parlent de ce qui les (　　　　　　).

解答欄

① _____　_____

② _____　_____

③ _____　_____

④ _____　_____

⑤ _____　_____

聞き取り試験 ② [▶解答 p.112]

2 注意事項

- まず，フェアトレードについての話を2回聞いてください．
- 次に，その内容について述べた文 ① 〜 ⑩ を2回通して読みます．それぞれの文が話の内容に一致する場合は解答欄の ① に，一致しない場合は ② にマークしてください．
- 最後に，もう1回フェアトレードについての話を聞いてください．
  （メモは自由にとってかまいません）

〈CD を聞く順番〉🎧 115 ➡ 115 ➡ 116 ➡ 116 ➡ 115

解答番号	解答欄		解答番号	解答欄	
①	①	②	⑥	①	②
②	①	②	⑦	①	②
③	①	②	⑧	①	②
④	①	②	⑨	①	②
⑤	①	②	⑩	①	②

書き取り試験

読まれるテキスト ....

　Depuis quelques *dizaines*① d'années, des linguistes avertissent souvent du danger pour un grand nombre de langues de disparaître *au cours du*② *vingt et unième*③ siècle.

　Aujourd'hui, le chinois, l'anglais, l'espagnol, le russe et l'hindi, ces 5 *langues sont parlées*④ par la moitié de la population mondiale. *En y ajoutant*⑤ une centaine d'autres langues, on arrive déjà à plus de 95% des gens sur notre planète.

　Il existe aussi plus de 6 000 autres langues *pratiquées*⑥ par des minorités, *dont*⑦ la plupart est vouée actuellement à un risque de disparition avec *leurs derniers locuteurs*⑧.

....

　私達が日常用いている言語の問題を扱ったテキストです．概数や序数，パーセントを表す数字が使われています．文章の中で読まれる数表現に耳を慣らしましょう．

① 数字 dix の派生語です．綴り字に注意しましょう．x ではなく z です．
② 〈au cours de〉「～の間に」．類似発音 cœur と混同しないようにしましょう．*cf.* p.33 ⑨
③ 1 の序数は premier / première ですが，21 の序数は vingt et unième となります．
④ 主語は女性複数です．過去分詞の一致を忘れないようにしましょう．
⑤ 〈ajouter à〉のジェロンディフです．中性代名詞が間に入っていることに気付けば綴り字がわかってくるでしょう．
⑥ 過去分詞が形容詞的に langues に係っています．性・数一致に気を付けましょう．
⑦ 関係代名詞です．la plupart de ces 6 000 autres langues の de ces... 以下が dont になっています．

⑧ 音だけでは単・複の区別がつきません．この所有形容詞は先の 6 000 autres langues の話し手を指しますから複数です．-s を忘れないようにしましょう．

(訳例)

　数十年前から，言語学者たちはしばしば，21 世紀にはかなりの数の言語が消滅する危険があると警告しています．

　今日，中国語，英語，スペイン語，ロシア語そしてヒンズー語の 5 つの言語が世界人口の半数によって話されています．それにおよそ 100 の他の言語を加えると，地球上の人々の 95 パーセント以上にもなってしまいます．

　また少数民族が話す 6000 以上の言語も存在します．そのほとんどが，その最後の話し手が消えるとともに消滅するという危機に現在直面しています．

聞き取り試験 ①

Le journaliste : Vous êtes adjointe d'enseignement au lycée Étoile. En quoi consiste votre métier d'adjointe ?

Thérèse : Mon travail est complémentaire et recouvre tout ce qui concerne la scolarité. Par exemple, je gère les absences et retards des élèves, je discute avec eux sur leur vie quotidienne à l'école, j'aide aussi les professeurs à faire le plan des cours.

Le journaliste : Pourquoi avez-vous choisi cette profession ?

Thérèse : Je rêvais de travailler dans l'éducation quand je faisais des études de psychologie et de pédagogie à l'université.

Le journaliste : Vous vous occupez de combien de lycéens ?

Thérèse : Cette année, j'en ai 175 en première.

Le journaliste : Vous commencez à travailler tôt le matin ?

Thérèse : Oui, j'arrive à l'école avant les élèves vers 7 heures et demie pour les accueillir à 8 heures et quart. Ensuite, je fais l'appel en classe pour savoir si tout le monde est là.

Le journaliste : Qu'aimez-vous dans votre travail ?

Thérèse : J'aime me sentir très proche des élèves. Je suis heureuse qu'ils me fassent confiance et me parlent de leurs préoccupations. C'est un grand plaisir pour moi de les voir grandir.

読まれる質問

① Quel est le métier de Thérèse ?

② Quelles matières Thérèse a-t-elle étudiées quand elle était à l'université ?

③ Sur combien de lycéens Thérèse veille-t-elle cette année ?

④ Thérèse voit-elle les élèves le matin ?

⑤ Pour quelles raisons Thérèse est-elle contente de son métier ?

ヒントと解説

① 「テレーズの仕事は何ですか？」
　💡 記者の最初の質問とそれに対するテレーズの応答の第 1 文から考えます．前半の（　）には「補助員」の女性単数を入れます．後半の（　）もテキスト通りです．

② 「テレーズは大学にいたときどのような科目を学びましたか？」
　💡 テレーズが 2 番目の発言で述べています．科目名を正確に綴りましょう．

③ 「テレーズは今年何人の高校生を視ていますか？」
　💡 テレーズの 3 番目の答えから考えます．記者は〈s'occuper de〉を使って質問していますが，応答文では前半の（　）の後に sur があるので，読まれる質問で使われている〈veiller sur〉で答えましょう．

④ 「テレーズは朝生徒たちに会いますか？」
　💡 記者の 4 番目の質問に対しテレーズが朝の日課を説明しています．〈faire l'appel〉は「出席をとる」，前半の（　）はテキスト通りです．後半は，テキストでは不定詞 accueillir を用いていますが，応答文では après les avoir の後に過去分詞を入れて不定詞の複合形を完成させます．les (= les élèves) に過去分詞が性・数一致することも忘れずに．

⑤ 「どのような理由でテレーズは自分の仕事に満足していますか？」
　💡 テレーズの最後の発言の第 2 文から考えます．テキストでは Je suis heureuse que... に続く動詞は接続法現在ですが，応答文には直説法現在が入ります．また後半の（　）には，テキスト中の préoccupations から派生した動詞を入れましょう．

テキスト訳例

記者： あなたはエトワール高校の補助教員をしていらっしゃいます．教育補助
　　　というあなたのお仕事はどのようなものですか？

テレーズ：私の仕事は補完的なもので，就学に関するあらゆる事柄をカバーするも
　　　のです．例えば，生徒たちの欠席や遅刻を管理したり，学校での日々の
　　　生活について彼らと話し合ったり，教員たちの授業計画を手伝うことも
　　　あります．

記者： あなたはなぜこの職業を選んだのですか？

テレーズ：大学で心理学と教育学を学んでいたとき，私は教育関係の職につくこと
　　　を夢見ていました．

記者： 何人の高校生を受けもっていますか？

テレーズ：今年は第1学年（日本の高校2年生）の175人です．

記者： 朝早くから働き始めますか？

テレーズ：はい，私は7時半ごろ，生徒たちよりも先に学校に到着し，彼らを8時
　　　15分に迎えます．それから教室で出席をとり，皆が来ているかどうかを
　　　確認します．

記者： ご自身の仕事のどのようなところが好きですか？

テレーズ：生徒との距離がとても近く感じられることが嬉しいです．彼らが私を信
　　　頼して心配事を話してくれるのを幸せに思います．彼らの成長を見るの
　　　は私にとって大きな喜びです．

応答文（解答）

① Elle travaille comme (**adjointe**) d'enseignement et s'occupe de
toutes les choses concernant la (**scolarité**).

② Elle a étudié la (**psychologie**) et la (**pédagogie**).

③ Elle (**veille**) sur (**175**) lycéens cette année.

④ Oui, elle fait l'(**appel**) des élèves après les avoir (**accueillis**) à 8h15.

⑤ Parce que les élèves lui (**font**) confiance et lui parlent de ce qui les
(**préoccupe**).

① 彼女は補助教員として働いていて，就学に関するあらゆることに携わっています．

② 彼女は心理学と教育学を学びました．

③ 今年彼女は 175 人の高校生たちを視ています．

④ はい，彼女は生徒たちを 8 時 15 分に迎えた後，出席をとります．

⑤ なぜなら生徒たちは彼女を信頼し，心配事を話してくれるからです．

聞き取り試験 ②

(読まれるテキスト) ···

De nombreux paysans, exploitants agricoles, en Afrique et en Amérique latine ont des difficultés pour vendre leurs récoltes à des prix adéquats. En conséquence, ils sont pauvres et peuvent, bien des fois, souffrir de la faim. Pour qu'ils puissent mener une vie digne d'un homme, il faut rémunérer suffisamment leur travail, et non leur faire la charité.

C'est là, tout l'intérêt du commerce équitable. Les consommateurs de nombreux pays importateurs achètent les produits cultivés dans environ soixante-dix pays en voie de développement.

Grâce au système du commerce équitable, plus d'un million six cent mille producteurs sont toujours payés un peu plus que les frais de production et la vie quotidienne n'est pas influencée par les cours des marchés. Ils peuvent recevoir un revenu plus stable. Cela les encourage à vivre correctement et indépendamment en tant que citoyens ruraux.

(読まれる内容について述べた文（正誤文）)

① Beaucoup de paysans d'Afrique et d'Amérique latine sont mal payés pour la vente de leurs productions.

② Les cultivateurs doivent quitter leurs terres à cause de divers désastres.

③ Les paysans veulent vendre leurs récoltes à des prix convenables.

④ On envisage une aide financière constante aux agriculteurs des pays en voie de développement.

⑤ Le commerce équitable est une méthode utilisée dans plus de quatre-vingt-dix pays dans le monde.

⑥ Cette façon de négocier profite aux producteurs comme aux

commerçants.

⑦ Cet échange commercial, tentant à l'équité, incite certains consommateurs à acheter les produits des pays en voie de développement.

⑧ Un million six cent mille producteurs en Afrique sont bien protégés par le commerce équitable.

⑨ Dans ces transactions, on peut acheter des produits agricoles moins chers que les cours des marchés.

⑩ Cette forme de commerce assure aux agriculteurs un revenu satisfaisant et durable pour continuer leur travail.

─────────────────────────────────

〔ヒントと解説〕

① 「アフリカとラテンアメリカの農民の多くは自分たちの生産物の販売に対して十分に支払われていません.」
　💡テキストの1文目で述べられています. ... ont des difficultés pour vendre leurs récoltes à des prix adéquats. です.

② 「耕作者たちはさまざまな災害が原因で自らの土地を離れなければなりません.」
　💡適正な価格で販売できないことの結果については ... souffrir de la faim. で, テキストでは災害や土地を離れることについては述べていません.

③ 「農民たちは自分たちの収穫物を適正な価格で売ることを望んでいます.」
　💡この文もテキストの1文目と ... il faut rémunérer suffisamment leur travail... から考えます.

④ 「発展途上国の農業従事者に対して持続的な財政援助が検討されています.」
　💡はっきりと ... non leur faire la charité. と述べていますから, 慈善つまりお金の援助ではありません.

⑤ 「フェアトレードは世界の90ヵ国以上で使われている方法です.」
　💡消費国の購入者たちは ... dans environ soixante-dix pays en voie de développement. で生産される農作物を買っています.

⑥ 「この交渉方法は生産者にも業者にも利益をもたらしています.」
　💡テキストには commerçants についての言及はありません.

⑦「公正を期そうとするこの貿易により発展途上国の生産物を買うよう促される消費者たちもいます.」

　💡テキストの前半部分の内容から考えます. このトレードの意義を理解し輸入国の消費者は作物を購入しているのです.

⑧「アフリカでは 160 万人の生産者たちがフェアトレードで手厚く守られています.」

　💡生産者はアフリカだけにいるのではありません.

⑨「この商取引において,人々は農産物を市場価格より安く買うことができます.」

　💡テキストの後半部分です. ... payés un peu plus que les frais de production et... n'est pas influencée par les cours des marchés. ですから値引きはありません.

⑩「この貿易形態は農業従事者がその労働を続けられるよう,十分かつ持続的な収入を保証しています.」

　💡彼らは un revenu plus stable を受け, そのことが, 彼らが生産者として生きることを鼓舞しているのです.

(訳例)

　アフリカやラテンアメリカの多くの農民は,自営農業者ですが,自分たちの収穫物を適正な価格で売ることに困難を抱えています. その結果彼らは貧しく多くの場合飢餓に苦しんでいます. 彼らが人間としての尊厳のある生活を送るためには, 慈善をほどこすのではなく彼らの労働に対して十分に報酬を支払わなければなりません.

　そこに,フェアトレードの意義そのものがあるのです. 多くの輸入国の消費者たちは発展途上の約 70 ヵ国で栽培された農作物を買っています.

　このフェアトレードのシステムにより,160 万人以上の生産者たちは常に生産費より少し多く支払われ,その日常生活は市場価格に影響されることはありません. 彼らはより安定的な収入を受け取ることができるのです. そのことは農村の住人として,彼らがまともに自立して生活する勇気を与えています.

(解答)

① ①　　② ②　　③ ①　　④ ②　　⑤ ②　　⑥ ②　　⑦ ①　　⑧ ②　　⑨ ②　　⑩ ①

第 3 部
1 級 仏検対策

　1 級の書き取りでは，120 ～ 130 語程度の分量の文章が 3 回読まれます．試験の要領は準 1 級と同じですが，語彙も求められる文法力もレベルが上がります．配点は 20 点です．

　　中性代名詞 en, y のエリジオン（n'y, l'en など）のように，読み上げ文を文法的に理解しないと聞き分けられない表現も出題されます．またリエゾンによって，名詞の単数・複数がはっきりする箇所があるなど，一度書き取ってからの見直しがこれまで以上に重要になるでしょう．

🎧 句読記号 (les signes de ponctuation)

117
　　2 回目にポーズをおいて読むときには « point », « virgule » のように句読点も読まれます．そのまま綴り字を書かないように気を付けましょう．

.	point
,	virgule
?	point d'interrogation
!	point d'exclamation
…	points de suspension
:	deux points
;	point virgule
«	Ouvrez les guillemets.
»	Fermez les guillemets.
(	Ouvrez la parenthèse.
)	Fermez la parenthèse.
改行	À la ligne.

＊ point virgule (;) は virgule より強い休止を表し，一つの文の中の節と節を分離します．deux points (:) は接続的な働きをします．

各問題は次の要領で行われます.

- フランス語の文章を次の要領で3回読みます. 全文を書き取ってください.
- 1回目は, ふつうの速さで全文を読みます. 内容をよく理解するようにしてください.
- 2回目は, ポーズをおきますから, その間に書き取ってください (句読点も読みます).
- 最後に, もう1回ふつうの速さで全文を読みます.
- 読み終わってから3分後に, 聞き取り試験に移ります.
- 数を書く場合は, 算用数字で書いてかまいません.

過去問　🎧 118 ➡ 119 ➡ 118 [▶解答 p.118]

118, 119

【読まれるテキスト】

Livres et journaux *pèsent*[1] *de moins en moins*[2] lourd dans le budget des Français. *Ils en*[3] achètent encore, mais *y consacrent*[4] une part de moins en moins importante de leurs dépenses. Et *si*[5] la baisse du livre touche toutes les *générations*[6], le recul de la *presse*[7] *est davantage lié aux*[8] nouvelles habitudes d'achats des jeunes, *moins consommateurs*[9] de quotidiens et magazines. L'origine sociale joue aussi : la *catégorie*[10] socioprofessionnelle des parents, et en particulier *celle*[11] de la mère, influe fortement sur ces dépenses. « Les personnes *ayant*[12] des parents agriculteurs dépensent proportionnellement plus pour la presse, mais moins pour les livres. *Tandis que*[13] c'est l'inverse pour les enfants de cadres et de professions libérales », observe un spécialiste en analyses *économiques*[14].

　書物や新聞雑誌の売れ行きについての最近の傾向を述べています．英語と似た単語，二重子音字が多く使われています．綴り字に要注意のテキストです．

① アクサンに注意しましょう．
② 「ますます少なく，だんだん少なく」．*cf.* 反対語は de plus en plus
③ ils ont と発音が似ています．次の動詞が現在形ということから中性代名詞と判断できます．en は livres et journaux を受けています．Ils achètent des livres et journaux... のことです．
④ 〈consacrer A à B〉「B に A を当てる」．y は aux livres et journaux を受けています．
⑤ 「対立」を表す接続詞です．
⑥ 英単語 generation と混同しないようにしましょう．フランス語にはアクサンが付きます．
⑦ 英単語 press と混同しないようにしましょう．
⑧ davantage を挟んでいますが受動態の〈être lié à〉です．

⑨ 前出の jeunes と同格です.

⑩ 英単語 category と混同しないよう綴り字に気を付けましょう.

⑪ 前出の la catégorie socioprofessionnelle を受けています.

⑫ avoir の現在分詞で les personnes に係ります.（＝ qui ont des parents...）

⑬ 対立を表す接続詞句です.

⑭ 英語との混同に要注意の単語です．リエゾンから analyses が複数と分かりますから語尾の -s を忘れずに.

| フランス語 | économique（形） | économie（名詞） |
| 英語 | economic（形） | economy（名詞） |

（訳例）

　フランス人の家計の中で書物と新聞の占める割合が次第に軽くなっています．人々はまだ買い求めてはいますが，それらに割く出費は次第に少なくなっています．書物の低下はすべての世代に及んでいますが，定期刊行物の減少は，日刊紙や雑誌をあまり買わない若者たちの新しい購買習慣とより結びついています．社会的出自も関係しています．両親の社会的職業階級，特に母親のそれがこれらの出費に大きく影響しているのです．ある経済分析専門家は，「農業従事者の両親をもつ者は比較的定期刊行物への出費が多い．しかし書物は少ない．一方，管理職や自由業の両親をもつ子どもたちは，その反対である」とみています.

 コラム

「覚えておきたい略語」(1)

UE (Union européenne)　欧州連合 (EU)

ONU (Organisation des Nations unies)　国際連合 (UNO)

OTAN (Organisation du traité de l'Atlantique nord)　北大西洋条約機構 (NATO)

OMS (Organisation mondiale de la santé)　世界保健機関 (WHO)

OIT (Organisation internationale du travail)　国際労働機関 (ILO)

OMC (Organisation mondiale du commerce)　世界貿易機関 (WTO)

CIO (Comité international olympique)　国際オリンピック委員会 (IOC)

AMA (Agence mondiale antidopage)　世界アンチ・ドーピング機関 (WADA)

問題 1 🎧 120 ➡ 121 ➡ 120 [▶解答 p.124]

問題 2 🎧 122 ➡ 123 ➡ 122 [▶解答 p.126]

問題 **3** 🎧 124 ➡ 125 ➡ 124 ［▶解答 p.128］

問題 **4** 🎧 126 ➡ 127 ➡ 126 ［▶解答 p.130］

問題 **5** 🎧 128 ➡ 129 ➡ 128 ［▶解答 p.132］

問題 **6** 🎧 130 ➡ 131 ➡ 130 ［▶解答 p.134］

問題 **7** 🎧 132 ➡ 133 ➡ 132 ［▶解答 p.136］

問題 **8** 🎧 134 ➡ 135 ➡ 134 ［▶解答 p.138］

問題 ①

読まれるテキスト ....

Pierre est boulanger. Avant, il gérait un magasin dans une grande ville. *Étant réputée*① pour la diversité de ses pains, sa boulangerie jouissait d'une grosse *clientèle*②. Comme le magasin était toujours plein de monde, Pierre travaillait *nuit et jour*③ pour répondre à *l'attente*④ de ses fidèles clients, mais malgré tout, il était obligé de jeter pas mal de *pains invendus*⑤. La *gérance*⑥ pesait lourdement sur ses épaules. Un jour il a pris la résolution *d'en finir avec*⑦ cette vie trop épuisante et il s'est offert une année de repos.

Actuellement, il possède une petite boulangerie à la campagne. Il fait seulement 2 sortes de pains *qui se gardent*⑧ longtemps, avec de la farine de première qualité. *Il n'en fait pas beaucoup*⑨, mais *étant donné qu'*⑩ il connaît parfaitement la quantité nécessaire, son travail est *suffisamment*⑪ rentable.

....

働き方を変えたパン屋のピエールの話です．形容詞の性・数一致に注意しましょう．

① 後に出てくる主語sa boulangerieと同格の働きです．過去分詞の一致を忘れずに．
② 集合名詞としての「客」を表します．client と混同しないように．
③「日夜」を表す熟語です．nuit と etがリエゾンして [nɥi te ʒur] と発音されます．
④ [latɑ̃t] の発音は la tante や la tente と同音ですが，意味から単語の綴り字を考えてください．
⑤ pas mal de の後の可算名詞は複数になります．
⑥ 1 行目の gérer「管理する，運営する」の派生名詞です．人の場合は gérant(e)「管理者，支配人」です．
⑦ 〈en finir avec〉「～に決着をつける」．de と en のエリジオンを聞き取りましょう．

⑧ qui は関係代名詞で先行詞は pains ですから，活用形は複数になります．se garde と間違えないようにしましょう．

⑨ Il ne fait pas beaucoup de pains の意味．中性代名詞の en を聞き取りましょう．

⑩〈étant donné que〉は comme と同じく理由を表す接続詞句です．

⑪ suffisant のように語尾が -ant の形容詞から派生した副詞の語尾は -amment となります．ex. bruyant → bruyamment, constant → constamment　*cf.* p.36 ②

（訳例）

　ピエールはパン職人です．以前は大都市に店を構えていました．彼の店はいろいろな種類のパンがあることで評判が高く多くの客が訪れていました．店はいつも人であふれ，常連客の期待に応えるために彼は日夜働いていましたが，それでもかなり多くの売れ残ったパンを捨てなければなりませんでした．店の運営が彼の肩に重くのしかかっていました．ある日彼は一念発起して，あまりにも体力を消耗させるこの生活を終わらせようと決意し，1 年間休むことにしました．

　現在彼は田舎に 1 軒のパン屋を開いています．彼は日持ちのよいパンを 2 種類だけ，最高級の小麦を使って作ります．たくさんのパンは作りませんが，必要な量を完全に把握しているので彼の仕事は十分な収益をもたらしています．

コラム

「覚えておきたい略語」(2)

CDD (contrat à durée déterminée)　期限付き雇用契約

CDI (contrat à durée indéterminée)　期限なし雇用契約

HLM (habitation à loyer modéré)　低家賃集合住宅

IVG (Interruption Volontaire de Grossesse)　人工妊娠中絶

OGM (organisme génétiquement modifié)　遺伝子組み換え生物（作物）

ONG (Organisation non gouvernementale)　非政府機関 (NGO)

PME (petites et moyennes entreprises)　中小企業

SAMU (Service d'aide médicale d'urgence)　緊急医療救助サービス

SDF (sans domicile fixe)　ホームレス

SMIC (salaire minimum interprofessionnel de croissance)
　全産業一律スライド制最低賃金

TVA (taxe à la valeur ajoutée)　付加価値税

問題 ②

読まれるテキスト ......

J'ai toujours voulu faire ce métier, c'est une véritable vocation, je crois. *Je suis née*① en ville, mais pendant les vacances, lorsque j'allais chez mes grands-parents, *j'étais émerveillée*② par tous les animaux, *qu'ils soient à plumes ou à poils*③, et surtout par les chevaux. À l'âge de *12 ans*④, j'ai demandé à mes parents de m'inscrire à des *cours*⑤ d'équitation. Tous les *week-ends*⑥, je me levais tôt, vers 7 heures, pour aller au manège, et *j'en étais heureuse*⑦.

Depuis 2010, je suis vétérinaire. J'ai quitté Paris pour m'installer à mon compte dans une ville de *province*⑧ il y a maintenant 3 ans. Chaque jour, c'est un plaisir d'aller travailler et d'exercer un métier qui me plaît.

......

　獣医になった人がその経緯を振り返っています。主語が je のテキストを書き取るときには，その人が男性なのか女性なのかの決め手となる表現を探しながら聞きましょう。

① この時点では je が男性か女性か分かりません。過去分詞の一致は保留にしておきましょう。
② ①と同様，過去分詞の性は保留です。
③ 「〜にしろ，〜にしろ」。〈soit que... ou...〉に相当する表現で，que の前の soit が省略された形です。que の後の動詞（être）は接続法になります。
④ 数字の聞き取りです。deux ans と douze ans の聞き分けは難しいですが，ここでは意味がヒントになります。乗馬を習う年齢から常識的に判断します。
⑤ 同音異義語（cour, court など）や音が似ている語（cœur, coût, course など）が多い単語なので要注意です。
⑥ week-end の複数は end の後のみ -s が付きます。
⑦ 中性代名詞の en に気付いてください。音から Jean や n'étais などと混同しな

いように．また，heureuse の発音からここで je が女性だと分かります．① ②
に戻って語尾を女性単数にしましょう．

⑧ 鼻母音の音は [ɛ̃] です．[ɑ̃] を含む Provence と混同しないように．

（訳例）────────────

　私はずっとこの仕事に就きたいと望んでいました，まさに天職だと思います．
私は都会で生まれましたが，ヴァカンスに祖父母の家に行くと，鳥であろうと獣
であろうとあらゆる動物に，とりわけ馬に魅了されたものでした．12 歳のとき
私は乗馬のレッスンを受けたいと両親に頼みました．私は毎週末早朝 7 時頃に起
き，調教場に行きました．それをとても幸せに感じていました．

　2010 年以来私は獣医をしています．今や 3 年前になりますが私はパリを離れ，
自立して田舎の街に暮らし始めました．仕事に出かけ，好きな職に従事すること
は私の日々の喜びです．

╭──────── ✒ コラム ────────╮

「覚えておきたい時事用語」(1)

l'autopartage (*m.*)　カーシェアリング
le covoiturage　ライドシェアリング
la hausse du yen　円高
le pouvoir d'achat　購買力
une réduction de personnel　人員削減
la récession　景気後退
une sanction économique　経済制裁
le syndicat de copropriété　マンション管理組合
le taux de change　為替レート
le taux de chômage　失業率

＊冠詞は実際よく使われる形で提示します（以下同様）．

╰──────────────────────╯

🎧 **問題 3**
124,
125
[読まれるテキスト] ....

Les retraités actuels disposent[①] de plus de temps par rapport *aux générations précédentes*[②]. En effet, ils ont en moyenne 20 à 25 ans de retraite à vivre, *ceci étant principalement dû à*[③] l'allongement de *l'espérance de vie*[④].

Ainsi, pour *ceux qui*[⑤] ont une pension ou des économies suffisantes, cette période peut devenir l'occasion de voyager. Les seniors, comme *on les appelle*[⑥] aujourd'hui, partent généralement en septembre ou octobre, évitant les vacances scolaires, pour *bénéficier de prix moins élevés*[⑦].

Il est important également de signaler que *de nombreux retraités*[⑧], désireux de s'impliquer dans *des activités socialement utiles*[⑨], se tournent souvent vers le monde associatif ou la politique.

....

　最近の年金生活者に関するテキストです．リエゾンが単・複の判断材料になるところが多々あります．集中して聞きましょう．

① 冒頭の冠詞をしっかり聞き取りましょう．それに続く名詞・形容詞の複数形や，動詞の活用（3 人称複数）に関わってきます．

② aux が聞き取れれば générations が複数だと分かります（単数なら à la となります）．形容詞の一致に気を付けましょう．

③ ceci が étant の主語の役割を果たしている絶対分詞節です．dû は devoir の過去分詞ですからアクサンを忘れずに．〈dû à〉「〜に起因する」

④ 「平均余命」．[-ɑ̃s] の綴りとして -ance または -ence の可能性があります．単語ごとに綴り字を確認しておきましょう．*cf.* p.133 コラム

⑤ 〈ceux qui〉「〜の人々」．ce qui と間違えないように．意味を考えましょう．

⑥ les と appelle のリエゾンに注意．主語は on ですから，動詞は 3 人称単数です．

⑦ 分解すると bénéficier de ＋ des prix moins élevés で，前置詞 de の後の不定冠

詞 des が省略されています．prix は複数ですから形容詞が一致します．prix
が単数ならば bénéficier d'un prix... となるはずです．
⑧ 形容詞が名詞の前に置かれているので不定冠詞 des は de になります．
⑨ des と activités のリエゾンから activités が複数であることがはっきりします．
形容詞の一致も忘れずに．

〔訳例〕─

　昨今の年金生活者は前の世代に比べてより多くの時間をもっています．実際，
平均して退職後 20 年から 25 年の余生がありますが，それは主に平均余命が延び
たことによるものです．

　そういうわけで十分な年金や貯蓄がある人々にとって，この期間は旅行をする
好機となっています．今日シニアと呼ばれる人々は一般的に 9 月あるいは 10 月
に旅行に出ます．学校の休暇を避けより安い料金を享受しています．

　また，多くの年金生活者が，社会に役立つ活動に関わることを望んで，非営利
団体や政治の世界に入ろうとしていることを指摘しておくのも重要です．

　⌇コラム⌇

「覚えておきたい時事用語」(2)

un additif alimentaire　食品添加物

la biodiversité　生物多様性

une centrale nucléaire　原子力発電所

une centrale thermique　火力発電所

une centrale éolienne　風力発電所

la couche d'ozone　オゾン層

les déchets radioactifs (*m.*)　放射性廃棄物

les objectifs de développement durable (*m.*)　持続可能な開発目標 (SDGs)

un panneau solaire　ソーラーパネル

la sortie du nucléaire　脱原発

🎧 **問題 ④**

126,
127

読まれるテキスト ....

　De nos jours, les mères qui ont *des petits enfants*① se servent souvent des smartphones pour *les*② divertir.　Bien qu'*ils soient pratiques*③ dans certaines situations, *ils*④ pourraient occasionner *des conséquences graves*⑤.　Par exemple, à propos de la santé, on *s'inquiète de maux de tête*⑥, d'une mauvaise qualité de sommeil et d'une baisse de la vision. Il n'est surtout pas souhaitable que *les bébés soient exposés*⑦ *aux écrans*⑧ des smartphones.

　Quant *aux enfants*⑨ en bas âge, *leur*⑩ utilisation se fait souvent *au détriment des*⑪ activités physiques, qui sont indispensables pour leur développement ; c'est alarmant.

....

　スマートフォンが幼い子どもに与える影響についてのテキストです．複数の主語が多く使われています．書き取った後，名詞や形容詞の語尾，動詞の活用形に注意して見直しましょう．

① 〈petits enfants〉は合成語で一語として扱い，複数でも不定冠詞は des のままです．

② les はその母親たちの幼い子どもたちを指します．

③ ils は前文の smartphones を受けるので複数です．形容詞の一致にも気を付けましょう．なお bien que の後ですから動詞は接続法です．

④ 主文の主語も複数 (= smartphones) です．

⑤ des を聞き逃さず，名詞，形容詞を複数にしましょう．

⑥ maux は mal の複数です．「一過性の頭痛」なら mal de tête ですが，複数を使うと「頭痛持ち」の意味になります．分解すると s'inquiéter de ＋ des maux de tête で，前置詞 de の後の不定冠詞 des が省略されています．

⑦ les を聞き取り，主語，動詞，形容詞を複数にしましょう．il n'est pas souhaitable que の後ですから動詞は接続法です．

⑧ リエゾンから écrans が複数であることが分かります．

⑨ ⑧と同様に，リエゾンから enfants が複数であることを見抜きましょう．

⑩ leur は「スマートフォン」を指します．

⑪ 分解すると au détriment de + les activités です．〈au détriment de〉「～を犠牲にして」

(訳例)

　今日，幼い子どもがいる母親たちは，子どもたちを楽しませるために頻繁にスマートフォンを使っています．スマートフォンはいくつかの状況においては便利ですが，重大な結果を引き起こす可能性もあります．例えば健康に関して，頭痛持ちになることや睡眠の質や視力の低下が懸念されます．とりわけ赤ちゃんがスマートフォンの画面を見続けるのは望ましいことではありません．

　低年齢の子どもたちにおいても，身体を動かす活動に費やす時間を削ってスマートフォンを使うことがよくありますが，運動は子どもたちの成長に不可欠なものであり，これは憂慮すべきことです．

✑ コラム

「覚えておきたい時事用語」(3)

la dépendance à Internet　インターネット依存症
　(la cyberaddiction など他の表現も複数ある．)
un discours de haine　ヘイトスピーチ
la discrimination raciale　人種差別
le droit d'asile　（外国公館の）保護権
l'état d'urgence (*m.*)　非常事態
les forces de l'ordre (*f.*)　治安部隊，機動隊
l'intelligence artificielle (*f.*)　人工知能
le patrimoine mondial　世界遺産
la procrastination　するべき行動を先延ばしすること
la réforme des retraites　年金改革
un sondage d'opinion　世論調査

問題 ⑤

読まれるテキスト

Pendant longtemps capitale impériale du Japon, Kyoto a plus de
*1 200 ans d'histoire*①, *à la fois*② séculaire et moderne.　Il faut donc
*aller*③ visiter Kyoto pour son esthétique « authentiquement japonaise »
et *s'imprégner*③ de son atmosphère si particulière qui a marqué l'*existence*④
et la vie quotidienne des Japonais et surtout des habitants de cette cité.

　　Au Japon, *où*⑤ l'on maintient les traditions bien vivantes et *où*⑤
l'on sauvegarde dans *le quotidien*⑥ l'art artisanal, *il est moins nécessaire
qu'en Occident d'*⑦ édifier des musées pour les générations futures.

　　京都の街とそこに住む京都人の特徴をとらえた文です．同格や関係代名詞が多
く，一文が比較的長いので，主語と動詞を見失わないよう，構文を考えながら書
き取りましょう．

① 〈基数詞＋an(s)＋de＋無冠詞名詞〉で「〜年間の〜」という意味です．de
l'histoire のように冠詞を入れないように注意しましょう．
② 〈à la fois... et...〉「〜であると同時に〜」
③ il faut につながる不定詞は aller と，少し離れていますが，s'imprégner です．
④ 語尾の [-ɑ̃s] の音の綴り字に気を付けましょう．　*cf.* p.133 コラム
⑤ Japon にかかる関係代名詞が2回繰り返されています．
⑥ 5行目の 1a vie quotidienne と同義です．ここでの quotidien は男性名詞です．
⑦ まず，非人称構文〈il est nécessaire de＋不定詞〉です．その nécessaire に
〈moins... que...〉の比較級が重なっています．比較するものは文頭の au
Japon と en Occident です．なお，Occident は「西洋，西欧」の意味で用い
られるときは大文字で始めます．　*cf.* Orient　東洋

長い間日本の天皇のいる都であった京都は，1200年以上の歴史をもち，古いと同時に近代的でもあります．「真に日本的な」その審美観ゆえに京都を訪れ，その非常に独特な雰囲気を味わわねばなりません．このような雰囲気こそが日本人，特にこの街に住む人々の存在と日常生活を特徴付けてきたものだからです．

日本においては，今も伝統は人々により生き生きと受け継がれ，日々の生活の中で職人芸が維持されています．従って未来の世代のために美術館を建てることが西欧ほど必要とされていません．

 コラム

「語末の -ance と -ence」

語末が同じ発音のため綴り字を間違えやすい単語の例です．a か e か意識して覚えましょう．なお，ここに示した語はすべて女性名詞です．

-ance	-ence
circonstance「状況，事情」	apparence「外観，外見」
correspondance「一致，乗り換え」	coïncidence「偶然の一致」
délinquance「軽犯罪」	concurrence「論争」
espérance「希望」	conférence「講演」
gérance「管理者の職務，管理」	conséquence「結果」
ignorance「知らないこと」	divergence「相違，食い違い」
indépendance「独立，自立」	équivalence「同等，等価」
malveillance「悪意」	existence「存在，生活」
persévérance「粘り強さ」	fréquence「頻繁さ」
persistance「執拗さ」	indulgence「寛大さ」
provenance「出発地，生産地」	influence「影響，影響力」
résistance「抵抗，耐久力」	permanence「恒久性」
subsistance「生計」	préférence「好み」
surveillance「監視」	résidence「居住地，住居」
tolérance「大目に見ること，寛容」	transparence「透明さ」
vengeance「復讐」	urgence「緊急」

問題 ⑥

読まれるテキスト

À notre époque, tout le monde *se voit*① dans l'obligation de savoir utiliser *les outils informatiques*② et *que ce soit les jeunes ou les moins jeunes*③, *tous se doivent de*④ posséder un ordinateur ou bien une tablette pour se connecter à Internet.

En effet, c'est devenu un outil qui nous permet d'avoir une connexion facilitée avec le monde extérieur et *il*⑤ a transformé notre façon de travailler, d'étudier, de rire et de rêver également. *Il semble alors important de se demander*⑥ *si*⑦, *en ayant recours à*⑧ Internet, on ne *s'isolerait*⑨ pas de plus en plus ou, si au contraire, on *entretiendrait*⑩ de meilleures communications en nombre, en fréquence et en profondeur.

今日の我々の生活に必要不可欠な道具となってきているインターネットに関するテキストです．情報機器に関する語彙はほとんど英語で間に合いますが，フランス語表現にも慣れておきましょう．

① 単・複，同じ発音です．主語の tout le monde は単数扱いです．
② リエゾンに注意して単・複を聞き分けましょう．[z] という音から複数と分かります．
③ 「～にしろ，～にしろ」．〈soit que... ou...〉に相当する表現で，que の前の soit が省略されています．que の後の動詞は接続法です． *cf.* p.126 ③
④ [s] の発音が 2 回でることに要注意です．[s] を 1 回と聞き [tus dwav] ならば次の不定詞の前の de が不要です．この点からも [s] の聞き取りが重要です．代名動詞〈se devoir de ＋不定詞〉は「～する義務がある」を表します．
⑤ il は Internet を受けています．
⑥ 非人称構文〈il semble ＋形容詞＋ de ＋不定詞〉
⑦ 「仮定」ではありません．前にある動詞から考えましょう．間接疑問を導く接

続詞「〜かどうか」です.

⑧〈avoir recours à〉のジェロンディフです.

⑨ 語尾の発音に注意しましょう. [-rɛ] ですから条件法です. また主語は on ですから 3 人称単数の活用形です.

〔訳例〕

　今の時代, 我々は皆インターネット機器を使えるようにならなければなりません. そして老いも若きもインターネットにアクセスするためにコンピューターまたはタブレットの所有を余儀なくされています.

　実際, これは, 我々の外部との接触をたやすくする道具となり, 我々の働き方, 学び方, 笑い方そして夢の見方をも変化させました. 従って, インターネットを使用する時には, 孤立が深まっていないか, あるいは逆に, 数において, 頻度において, 深さにおいてよりよいコミュニケーションが維持されているかを自分に問うことが大切です.

 コラム

「IT 関連語彙」(1) 名詞

un ordinateur　コンピューター	une imprimante　プリンター
une tablette　タブレット	un livre numérique　電子書籍
un portable　携帯電話	un logiciel　ソフトウェア
un smartphone　スマートフォン	les réseaux sociaux (*m.*)
un téléphone fixe　固定電話	ソーシャルネットワーク
	un site Web　ウェブサイト
une application　アプリケーション	une souris　マウス
une arobase　アットマーク@	
une clé USB　USB メモリ	une cyberattaque　サイバー攻撃
un clavier　キーボード	le piratage　ハッキング
un disque dur　ハードディスク	un virus informatique
un écran　画面, ディスプレイ	コンピューターウイルス
un fichier　ファイル	

🎧 **問題 7**

132,
133 〔読まれるテキスト〕……………………………………………………………

L'équilibre naturel de la planète est perturbé. L'utilisation de certains *combustibles fossiles*①, comme le charbon, le pétrole et le gaz naturel a fait *augmenter*② la teneur en *gaz à effet de serre*③ de l'atmosphère et, par conséquent, la température de *celle-ci*④. C'est ce qu'on appelle *le réchauffement climatique*⑤.

*Ces problèmes*⑥ dépassent l'échelle locale ou nationale et nous sommes *tous*⑦ concernés. Des gestes simples, responsables, efficaces peuvent contribuer à aider notre planète. En effet, *en tant que consommateurs*⑧, *tout ce que nous achetons*⑨ a un impact sur l'environnement, et *il est donc important de trouver*⑩ des *alternatives*⑪ écologiques *aux produits*⑫ que nous utilisons régulièrement.

………………………………………………………………………………………

　地球の温暖化を扱ったテキストです．よく使われる時事的表現は，新聞やテレビのニュースなどで押さえておきましょう．

① 「化石燃料」

② この動詞の目的語は2つあります．la teneur と la température です．構文を考えながら書き取りましょう．

③ 「温室効果ガス」

④ celle-ci は女性単数名詞 l'atmosphère を受けています．

⑤ 「(地球) 温暖化」．ニュースや新聞では〈le changement climatique〉「気候変動」という語句もよく使われます．

⑥ 文頭の指示形容詞は大切です．[s(ə)] でしょうか [se] でしょうか．単・複の区別にかかわりますからしっかりと聞き分けましょう．[se] です．

⑦ 主語 nous の同格となる代名詞の tous です．代名詞として用いられる tous は語尾の [s] を発音します．

⑧ 〈en tant que＋無冠詞名詞〉「〜として」．その後の consommateurs は，次に

出てくる nous のことですから複数にしましょう.

⑨ 先行詞を含んだ関係代名詞節全体が主語になります. 単数扱いです.

⑩〈il est important de ＋不定詞〉の非人称構文です.

⑪〈alternative à〉「～の代わりになるもの」. 形容詞女性形と同じ形ですが名詞として用いられる場合は女性名詞です.

⑫ 単・複同じ発音です. 意味から考えましょう.

（訳例）

　地球の自然界のバランスが乱れています. 石炭, 石油, 天然ガスのようないくつかの化石燃料の使用が大気中の温室効果ガス含有量を増加させ, その結果, 大気の温度を上昇させています. これが温暖化と言われているものです.

　この問題は地方あるいは国の段階を超え我々全員にかかわってきています. シンプルで責任ある効果的な行動をすれば我々の地球を救うことに貢献できます. 実際, 消費者として, 我々が買うすべてのものは環境に影響しています. 従って我々が通常使用する製品のエコな代替品を見つけることが重要です.

コラム

「IT 関連語彙」（2）動詞

allumer　（電源を）入れる

éteindre　（電源を）切る

accéder à un site (Web)　（ウェブ）サイトにアクセスする

consulter un site (Web)　（ウェブ）サイトを見る

cliquer　クリックする

copier　コピーする

coller　ペーストする

mettre à jour　更新する

numériser, scanner　スキャンする

sauvegarder　保存する

se connecter à Internet　インターネットに接続する

télécharger　ダウンロードする

問題 8

134, 135

読まれるテキスト

Dans la vie professionnelle, les femmes, à travail égal, gagnent moins que les hommes malgré les textes de loi. Et, bien que cet écart *tende*[①] à diminuer depuis quelques années, *il est certain qu'*[②] on trouve toujours *plus d'*[③] hommes à des postes importants. On constate aussi que *plus*[④] *les salaires*[⑤] sont élevés, *plus*[④] *l'inégalité est marquée*[⑥].

Il y a pourtant un secteur d'activité où ce sont ces messieurs qui gagnent *le moins*[⑦]. En effet, dans le monde des mannequins, *ils*[⑧] ne peuvent espérer avoir la même rémunération, ni la même notoriété. Mais, il faut aussi tenir compte que *leurs carrières*[⑨] sont généralement plus longues.

　職業生活における男女間の格差の問題を扱ったテキストです．比較表現が多く出てきます．

① bien que がありますから動詞は接続法になります．tend や tendent と間違えないようにしましょう．
② 非人称構文です．動詞は直説法を要求します．
③ beaucoup de のプラスの比較級です．
④ 〈plus..., plus...〉「〜すればするほどますます」
⑤ salaire(s) は単・複同じ発音ですから les を聞きもらさないように注意しましょう．
⑥ 主語が l'inégalité とエリジオンしているので男性名詞か女性名詞か発音からは区別がつきません．女性名詞ですから一致に気を付けましょう．
⑦ ニュアンスは比較ですが比べるものが 2 つしかない場合は最上級を使います．
⑧ 単・複同じ発音ですが，動詞の活用形から複数と判断できます．何を指しているかも考えましょう．前出の ces messieurs です．
⑨ 単・複同じ発音ですが、それに続く動詞が 3 人称複数ですから複数であるこ

とが分かります．また，所有形容詞 [lœr] が何を指しているのか，意味からも判断しましょう．

（訳例）

　職業生活においては，法律の条文があるにも関わらず，同じ仕事の場合女性は男性より収入が少ないです．そしてこの格差はここ数年減少傾向にありますが，重要ポストは確実に相変わらず男性の方が多く占めています．高給であればあるほど，不公平もますます多く見られるのも事実です．

　しかし，男性が女性より収入の少ない分野があります．実際，ファッションモデルの世界では，男性は同額の報酬，同レベルの評判を望めません．しかし男性モデルのキャリアは一般的により長いということも考慮しておかねばなりません．

コラム

「覚えておきたい時事用語」(4)

un antibiotique　抗生物質

l'allergie aux pollens (f.)　花粉症

le confinement　外出制限

le déconfinement　外出制限解除

la grippe A　Ａ型インフルエンザ

la grippe aviaire　鳥インフルエンザ

la mort cérébrale　脳死

une pandémie　パンデミック，感染症の世界的流行

la quarantaine　検疫，隔離

　1級の聞き取り [1] は準1級と同じ形式で，解答箇所も 10 ヶ所ですが，配点は 20 点です（準1級は 10 点）．当然のことながら，テキストの難易度も上がります．

　近年よく出題されるインタビュー形式の対話では，ある職業に特有の表現など耳慣れない単語が出てくることもありますが，1回目の聞き取りでは細部よりも大きな流れをとらえることを優先しましょう．話者たちの関係性や職業，取り組みなど，話題になっていることをメモし，数字が出ている場合はそれが何を指しているかを理解することがポイントです．1級の場合も，問題冊子に印刷されている応答文にあらかじめ目を通し，答えを探しながら対話を聞きましょう．

　答えにつながるキーワードは必ずテキストの中にありますから，2回目に読まれるときにその語を聞き逃さないよう注意して聞きましょう．ただし準1級と同様，答えとなる語は対話文中の形がそのまま使えるとは限りません．派生語の知識，同意語や反意語を plus, moins と組み合わせて使うなどの表現力も試されます．応答文に答えを入れて読み直し，正しいフランス語文になっているか確認してください．

- まず，Patricia へのインタビューを聞いてください．
- つづいて，それについての 5 つの質問を読みます．
- もう 1 回，インタビューを聞いてください．
- もう 1 回，5 つの質問を読みます．1 問ごとにポーズをおきますから，その間に，答えを解答用紙の解答欄にフランス語で書いてください．
- それぞれの（　　）内に 1 語入ります．
- 答えを書く時間は，1 問につき 10 秒です．
- 最後に，もう 1 回インタビューを聞いてください．
- 数を記入する場合は，算用数字で書いてください．
  （メモは自由にとってかまいません）

〈CD を聞く順番〉 🎧 136 ➡ 137 ➡ 136 ➡ 138 ➡ 136

① C'est un métier où l'on apprend la (　　　　　　) et l'humilité, puisque 90% des dépêches ne portent pas la (　　　　　　) de leur auteur.

② Elle le conçoit comme un (　　　　　　) de la société japonaise (　　　　　　).

③ Il propose de (　　　　　　) les jugements (　　　　　　) que formulent beaucoup de Français sur les Japonais.

④ Non. Elle se compare à une (　　　　　　) étudiante et n'emploie jamais le mot « écrivain » la (　　　　　　).

⑤ Parce qu'en s'(　　　　　　) sur ce type de reproches, elle risquerait d'être (　　　　　　).

解答欄

① _____ _____

② _____ _____

③ _____ _____

④ _____ _____

⑤ _____ _____

第 3 部　1 級 仏検対策

第 9 章　1 級 聞き取り問題 ①

🎧 読まれるテキスト ···
136

L'intervieweur :	Vous travaillez pour une agence de presse française en tant que correspondante permanente à Tokyo. Que représente ce métier pour vous ?
Patricia :	Être journaliste d'agence est une profession où l'on apprend la rigueur et l'humilité, puisque 90% des dépêches que l'on écrit ne sont pas signées en notre nom propre mais au titre de l'agence.
L'intervieweur :	Vous venez d'écrire un livre sur le Japon.
Patricia :	Oui. C'est un livre qui se veut un portrait de la société japonaise contemporaine. Le but de l'ouvrage est de proposer une autre perception de ce pays et de réfuter les jugements hâtifs que formulent beaucoup de Français sur les Japonais.
L'intervieweur :	Vous vous considérez comme un écrivain plutôt que comme une journaliste ?
Patricia :	À vrai dire, je me considère plus comme une éternelle étudiante que comme une journaliste. Quant au terme « écrivain », je ne l'emploie jamais me concernant.
L'intervieweur :	Comprenez-vous que beaucoup de touristes japonais soient déçus lorsqu'ils découvrent la France pour la première fois ?
Patricia :	Oui, je le comprends. Par exemple, la saleté du métro parisien par rapport à son pendant japonais fait peine à voir ! Mais je ne vais pas m'étendre sur ce type de reproches, car je risquerais d'être féroce.

読まれる質問

① Qu'est-ce que le métier de correspondante pour Patricia ?

② Comment Patricia conçoit-elle son livre ?

③ Que propose le livre de Patricia ?

④ Est-ce que Patricia se considère comme un écrivain ?

⑤ Pourquoi Patricia ne veut pas parler longuement de la « saleté » du métro parisien ?

ヒントと解説

① 「パトリシアにとって特派員の仕事とは何ですか？」

💡 パトリシア自身が最初の質問に答えている内容です．テキストの profession が métier となっていますがその後の関係代名詞 où 以下の内容がそのまま入ります．後半の（　）は，テキストでは動詞 signer の受動態が用いられていますが，portent がありますからそのままでは入りません．名詞にしましょう．

② 「彼女は自分の本をどのようにとらえていますか？」

💡 2 番目のパトリシアの発言 C'est un livre... の内容がそのまま入ります．

③ 「パトリシアの本は何を提案していますか？」

💡 2 番目の発言の後半部分 Le but de l'ouvrage... でパトリシアはこの本を書いた目的を述べています．目的として 2 つ de proposer... と de réfuter... が挙げられていますが，応答文には後の方を入れます．

④ 「パトリシアは自身を作家と考えていますか？」

💡 3 番目のパトリシアの発言から考えます．テキストの me considère は，応答文では se compare になっていますが同じニュアンスです．（　）については両方ともテキストと同じ単語が入ります．

⑤ 「パトリシアはなぜパリの地下鉄の「不潔さ」について長く話したくないのですか？」

💡 パトリシアの最後の発言の後半部分です．テキストでは不定詞が使われていますが，応答文では en があるので現在分詞にします．後半の穴埋めはテキストと同じ語を入れます．

テキスト訳例

質問者：	あなたはフランスの通信社の東京駐在特派員として働いています．あなたにとってこの仕事は何を意味しますか？
パトリシア：	通信社のジャーナリストは厳しさと謙虚さを学ぶ職業です．というのは我々が書くニュースの 90 パーセントには個人ではなく社の署名が入るからです．
質問者：	あなたは最近日本についての本を出版しましたね．
パトリシア：	はい．日本の現代社会の実情を描いた本です．この本の目的はこの国のもう一つの認識の提案と多くのフランス人が日本人についてもっている性急な判断を覆すことです．
質問者：	あなたはご自分をジャーナリストよりはむしろ作家と思っているのですか？
パトリシア：	実を言いますと，私は自分をジャーナリストよりむしろ永遠の学生と考えています．自分に関しては，絶対に「作家」という語は使いません．
質問者：	多くの日本人観光客が最初にフランスを訪れたときに失望することに納得できますか？
パトリシア：	はい，わかります．例えば日本と比較して，パリの地下鉄の不潔さは見るに堪えません！しかし，この種の非難にまで広げないでおきましょう．情け容赦がなくなる危険性がありますから．

応答文（解答）

① C'est un métier où l'on apprend la (**rigueur**) et l'humilité, puisque 90% des dépêches ne portent pas la (**signature**) de leur auteur.

② Elle le conçoit comme un (**portrait**) de la société japonaise (**contemporaine**).

③ Il propose de (**réfuter**) les jugements (**hâtifs**) que formulent beaucoup de Français sur les Japonais.

④ Non．Elle se compare à une (**éternelle**) étudiante et n'emploie jamais le mot « écrivain » la (**concernant**).

⑤ Parce qu'en s'(**étendant**) sur ce type de reproches, elle risquerait d'être (**féroce**).

応答文訳例 ....

① それは厳しさと謙虚さを学ぶ職業です．というのはニュースの 90 パーセントには書き手の署名が入らないからです．
② 彼女は自分の本を現代日本社会のポートレートと考えています．
③ その本は多くのフランス人が日本人に対して抱いている性急な判断を覆すことを狙っています．
④ いいえ．彼女は自身を永遠の学生ととらえ，自身に関しては決して「作家」という語は使いません．
⑤ この種の非難に話を広げると情け容赦がなくなる恐れがあるからです．

*ここからは問題のみを記載します．聞き取りの要領は過去問の指示（p.141）を参照してください．

[▶解答 p.151]

問題 **1**

● **Didier** へのインタビューを聞いてください．

〈CD を聞く順番〉 🎧 139 ➡ 140 ➡ 139 ➡ 141 ➡ 139

① Il cultive principalement du (   ) dans son exploitation d'environ (   ) hectares.

② Oui, son drone lui (   ) de connaître l'état des (   ) et des plantes.

③ Oui, il est (   ) dans ses tâches (   ) en obtenant des informations nécessaires.

④ Parce qu'ils sont très (   ) et qu'il faut en acheter de (   ) assez souvent.

⑤ Non, il pense qu'ils sont (   ) parce que la machine ne peut pas s'adapter aux changements (   ) du temps ou de la nature.

解答欄

① _____   _____

② _____   _____

③ _____   _____

④ _____   _____

⑤ _____   _____

● **Julien** と **Anne** の会話を聞いてください.

〈CD を聞く順番〉🎧 142 ➡ 143 ➡ 142 ➡ 144 ➡ 142

① Elle a été (   ) par l'(   ) de l'édifice.

② Le prix Pritzker, qui pour les (   ) est un prix
(   ) au prix Nobel.

③ Lens était une ville (   ) et après 1990 les
(   ) étaient nombreux.

④ Le gouvernement veut (   ) l'art et renforcer
les activités (   ) en province.

⑤ Les habitants (   ) de la (   ) grâce
aux ateliers organisés par le musée.

解答欄

① _____   _____

② _____   _____

③ _____   _____

④ _____   _____

⑤ _____   _____

問題 **3**　[▶解答 p.158]

● **Pauline** と **Bertrand** の会話を聞いてください.

〈CD を聞く順番〉🎧 145 ➡ 146 ➡ 145 ➡ 147 ➡ 145

① Elle espère que les (　　　　　　　) seront plus (　　　　　　　).

② Parce qu'avec son édification, le (　　　　　　) de la région risque d'être (　　　　　　).

③ Elle (　　　　　　　) beaucoup de petits animaux et des oiseaux d'une grande (　　　　　　).

④ Elle a promis l'(　　　　　　　) des mesures pour moins (　　　　　　) l'atmosphère.

⑤ Il propose que la (　　　　　　) de cette autoroute (　　　　　　) la forêt.

解答欄

①　_____　_____

②　_____　_____

③　_____　_____

④　_____　_____

⑤　_____　_____

● **Jeanne** へのインタビューを聞いてください.

〈 CD を聞く順番 〉 🎧 148 ➡ 149 ➡ 148 ➡ 150 ➡ 148

① Elle est née à (　　　　　　　　) et la neige lui était
　 (　　　　　　　) depuis qu'elle était toute petite.

② Elle pratique les (　　　　　　) de vitesse dans le domaine
　 du ski (　　　　　　).

③ Non, mais à la (　　　　　　) coupe du monde, elle a
　 obtenu la médaille d'(　　　　　　).

④ Elle la donne en (　　　　　　　), c'est-à-dire en
　 (　　　　　　) saison.

⑤ Il lui est difficile de garder un (　　　　　　) alimentaire
　 quotidien à cause des (　　　　　) fréquents.

解答欄

① _____　_____

② _____　_____

③ _____　_____

④ _____　_____

⑤ _____　_____

● **Chloé** と **Vincent** の会話を聞いてください.

〈CD を聞く順番〉 🎧 151 ➡ 152 ➡ 151 ➡ 153 ➡ 151

① Non, il l'a revue après ses (　　　　　　　　) pour la
　(　　　　　　　) fois.

② N'(　　　　　　　) qui s'intéressant aux (　　　　　　　).

③ Ils se sont (　　　　　　　) pour cet événement venant des
　quatre (　　　　　　　) du monde.

④ Pour (　　　　　　　) franchement aux gens leurs opinions
　sur l'(　　　　　　　) de la presse parisienne.

⑤ Oui, Vincent a pu nouer une bonne (　　　　　　　) avec
　les (　　　　　　　) de son journal.

⑥ Cette (　　　　　　　) est connue pour ses produits
　(　　　　　　　), huîtres etc. et pour ses grands vins.

解答欄

①　_____　　_____

②　_____　　_____

③　_____　　_____

④　_____　　_____

⑤　_____　　_____

⑥　_____　　_____

問題 **1**

139 読まれるテキスト

La journaliste : Vous utilisez activement des robots dans votre ferme. Qu'est-ce que vous cultivez ?

Didier : Je possède une exploitation d'environ 210 hectares sur laquelle je cultive principalement du maïs.

La journaliste : De quels outils vous servez-vous ?

Didier : J'ai un tracteur guidé automatiquement par GPS, un drone qui me permet de connaître l'état des terrains et des plantes, et quelques autres matériels.

La journaliste : Est-ce qu'ils vous aident beaucoup ?

Didier : Oui, beaucoup. Ils me soulagent dans mes tâches de tous les jours et me donnent les informations nécessaires pour produire plus et mieux.

La journaliste : Cependant on dit que certains agriculteurs hésitent à introduire des robots sur leurs terres.

Didier : Oui, c'est vrai. Premièrement, ça coûte très cher, et en plus, la technologie étant en voie de développement, il nous faut acheter de nouveaux robots à court terme. Ces conditions découragent les cultivateurs.

La journaliste : Pensez-vous qu'un jour, les robots remplaceront les hommes ?

Didier : Non. Les robots nous aident, mais ce sont toujours les hommes qui prennent la décision. La machine ne peut pas s'adapter toute seule aux changements éventuels du temps ou de la nature.

読まれる質問

① Qu'est-ce que Didier sème et produit ?

② Didier a-t-il un drone ?

③ Les robots sont-ils utiles pour Didier ?

④ Pourquoi certains agriculteurs hésitent-ils à introduire des robots ?

⑤ Didier pense-t-il que les rôles des hommes sont remplaçables par des robots ?

ヒントと解説

① 「ディディエは何の種をまき，生産していますか？」

　💡ディディエの最初の応答に対応します．説明の順序が逆になっているだけで，（　）に入る単語はそのまま述べられています．

② 「ディディエはドローンをもっていますか？」

　💡ディディエは 2 番目の発言で，ドローンによってどのようなことが可能になるのか説明しています．テキスト通りの語が入ります．

③ 「ロボットはディディエに役立っていますか？」

　💡ディディエの 3 番目の答えから考えます．テキストでは Ils (= Les outils) を主語にして能動態が使われていますが，応答文は il (= Didier) が主語なので受動態にします．後半の（　）には de tous les jours と同じ意味の形容詞を tâches に性・数一致させて入れます．

④ 「なぜロボット導入をためらう農家の人たちがいるのですか？」

　💡ディディエは 4 番目の発言で 2 つの理由を挙げています．第 1 にロボットが高価であること，第 2 に短期間に新調しなければならないことです．前半の（　）について，テキスト中の cher は副詞として用いられていますが，応答文では形容詞になるので性・数一致に気を付けましょう．

⑤ 「ディディエは人間の役割をロボットが代行できると考えていますか？」

　💡記者の 5 番目の質問とディディエの応答から考えます．前半の（　）には，記者が用いている remplacer から派生した形容詞の反意語を入れますが，読まれる質問の中の remplaçables がヒントになります．これに反意語の接頭辞を付けます．後半の（　）はテキスト通りです．

記者： あなたはご自分の農場で積極的にロボットを使っていらっしゃいますね．何を栽培しているのですか？

ディディエ：うちの農地は約 210 ヘクタールですが，そこでは主にトウモロコシを栽培しています．

記者： どのような機械を使っていますか？

ディディエ：GPS によって自動で動くトラクターとか，土壌や植物の状態を知ることができるドローン，他にもいくつかの機材をもっています．

記者： それらは大いに役立っていますか？

ディディエ：はい，大変役立っています．それらによって私の日々の仕事は軽減され，より多くそしてよりよく生産するために必要な情報を手に入れることができます．

記者： しかしながら，自分の農地にロボットを導入することをためらっている農家の方々もいるようですね．

ディディエ：確かにそうです．第一にロボット導入はとてもお金がかかります．それに加えてその技術はまだ発展途上のため，短期間で新しいロボットを買わなければなりません．こういった状況で思いとどまる耕作者もいるのです．

記者： いつかロボットが人間の代わりをするようになると思いますか？

ディディエ：いいえ．ロボットは我々の手助けをしてくれます，しかし決定を下すのは常に人間です．機械は天候や自然のさまざまな不測の変化に単独では適応することはできません．

応答文（解答）

① Il cultive principalement du (**maïs**) dans son exploitation d'environ (**210**) hectares.

② Oui, son drone lui (**permet**) de connaître l'état des (**terrains**) et des plantes.

③ Oui, il est (**soulagé**) dans ses tâches (**quotidiennes**) en obtenant des informations nécessaires.

④ Parce qu'ils sont très (**chers**) et qu'il faut en acheter de (**nouveaux**) assez souvent.

⑤ Non, il pense qu'ils sont (**irremplaçables**) parce que la machine ne peut pas s'adapter aux changements (**éventuels**) du temps ou de la nature.

─────────────────────────────

［応答文訳例］

① 彼は約 210 ヘクタールの農地で主にトウモロコシを栽培しています．

② はい，ドローンのおかげで彼は土壌や植物の状態を知ることができます．

③ はい，必要な情報を入手できるので日々の仕事が軽減されています．

④ なぜならロボットは高価な上に，かなり頻繁に新しいロボットを買わなければならないからです．

⑤ いいえ，ロボットは天候や自然のさまざまな不測の変化に適応できないので，人間の役割にとって代わることはできないと彼は考えています．

─────────────────────────────

［問題 2］

142
［読まれるテキスト］ ···

Julien : Tu as déjà visité le nouveau musée, Louvre-Lens ?

Anne : Bien sûr. J'ai d'abord été impressionnée par la belle apparence du bâtiment en verre : c'est magnifique, le Louvre-Lens.

Julien : C'est l'agence SANAA, le groupe des architectes japonais, qui a conçu le plan de cet édifice, n'est-ce pas ?

Anne : Oui, on lui a décerné le prix Pritzker en 2010, ce qui équivaut au prix Nobel, pour le monde de l'architecture.

Julien : Cependant, pourquoi a-t-on préféré Lens, une ancienne ville minière, pour exposer des chefs-d'œuvre du Louvre parisien ?

Anne : Le gouvernement français poursuit deux objectifs : la décentralisation de la culture aux collectivités locales et l'amélioration de l'économie régionale. Dans la région lensoise, depuis la fermeture complète des mines en 1990, le taux de chômage était d'un niveau très élevé.

Julien : D'après les dernières informations, il aurait déjà accueilli plus de deux millions de visiteurs depuis son inauguration en 2012. La ville a-t-elle pu vaincre sa crise économique ?

Anne : Oui et c'est un bon exemple de remise en valeur. En plus de cet effet économique, le Louvre-Lens offre pas mal d'activités artistiques aux habitants de l'ensemble du territoire. Ils retrouvent ainsi leur vitalité et de l'attrait pour leur vie quotidienne.

143, 144

読まれる質問

① Qu'est-ce qu'Anne a admiré d'abord quand elle s'est approchée de ce musée ?

② Quel prix a été décerné à l'agence SANAA ?

③ Comment était la ville de Lens avant l'ouverture du musée ?

④ Quels sont les buts du gouvernement ?

⑤ Qu'est-ce que le Louvre-Lens apporte aux gens de cette région ?

ヒントと解説

①「アンヌはこの美術館に近づいたとき，まず何に感動しましたか？」

　最初のジュリアンの質問に対して，アンヌはその答えの中で自分の印象を述べています．J'ai... été impressionnée par la belle apparence... 主語が elle になっていますがアンヌのことなので，穴埋めは両方ともテキスト通りです．

②「SANAA 事務所はどのような賞を受けましたか？」

　ジュリアンが設計社 SANAA の名前を出したのに加えてアンヌがさらに説明を加えています．前半部分について，テキストは le monde de l'architecture ですが（　）直前が定冠詞 les ですから architecture は入りません．発想を変えて「建築家たち」を補います．後半の（　）は … ce qui équivaut au prix Nobel, pour le monde de l'architecture. から考えます．テキストでは〈équivaloir à〉と動詞が用いられていますが穴埋めでは名詞 un prix が前にありますから形容詞にします．

③「美術館の開館以前，ランスはどのような町でしたか？」

　🕯3番目のジュリアンの質問とそれに対するアンヌの発言の後半部分に述べられています．une ancienne ville minière ですから前半の（　）にはテキスト通りの語が入ります．後半の穴埋めは，テキストの … le taux de chômage était d'un niveau très élevé. から考えます．複数名詞を入れなければならないので，chômage ではなく「失業者」にあたる単語を思い浮かべましょう．

④「政府の目的は何ですか？」

　🕯アンヌは3番目の発言の前半部分で政府の deux objectifs を説明しています．1つは la décentralisation de la culture aux collectivités locales です．テキストでは décentralisation と名詞ですが穴埋めでは（　）前に冠詞がありませんから動詞にします．後半の（　）は2つ目の目的 l'amélioration de l'économie régionale の部分です．テキストでは l'économie と名詞ですが，（　）前に les activités があるので形容詞にします．一致に注意しましょう．

⑤「ルーヴル・ランスはこの地方の人々に何をもたらしていますか？」

　🕯ジュリアンの最後の質問に対してアンヌが effet économique 以外に挙げている内容です．テキスト通りの語が入ります．

テキスト訳例

ジュリアン：新しい美術館のルーヴル・ランスにもう行った？

アンヌ：　　もちろんよ．建物のガラスでできた美しい外観にまず感動したわ．ルーヴル・ランスはすごいわよ．

ジュリアン：この建物を設計したのは日本の建築家グループの SANAA 事務所だったね．

アンヌ：　　そうね．この事務所は2010年に，建築界において，ノーベル賞に匹敵するプリッカー賞を授与されたのよ．

ジュリアン：でも，どうしてパリのルーヴル美術館の傑作を展示するのにかつての
炭鉱の町ランスを選んだのかね？

アンヌ： フランス政府には2つの目的があるのよ．地方自治体への文化の分散
と地方経済の改善よ．ランス地方では1990年に炭鉱が完全に閉鎖し
て以来失業率がとても高かったわ．

ジュリアン：直近の情報では，2012年のオープン以来すでに200万人以上の入場
者を受け入れたらしい．この街は経済危機を回避できたのかな？

アンヌ： そうよ．再開発のよい例よ．こうした経済効果の他にルーヴル・ラン
スはこの地方全域の住人に対して数々の芸術的活動を提供しているの．
住人たちは日常生活の中で，活気と楽しみをとり戻しているわ．

[応答文（解答）]

① Elle a été (**impressionnée**) par l'(**apparence**) de l'édifice.

② Le prix Pritzker, qui pour les (**architectes**) est un prix (**équivalent**)
au prix Nobel.

③ Lens était une ville (**minière**) et après 1990 les (**chômeurs**) étaient
nombreux.

④ Le gouvernement veut (**décentraliser**) l'art et renforcer les activités
(**économiques**) en province.

⑤ Les habitants (**retrouvent**) de la (**vitalité**) grâce aux ateliers organisés
par le musée.

[応答文訳例]

① 彼女は建物の外観に感動しました．

② プリッカー賞です．建築家にとってノーベル賞に匹敵する賞です．

③ ランスは炭鉱の町で1990年以降失業者が大勢いました．

④ 政府は芸術の分散化と地方の経済活動の強化を狙っています．

⑤ 住人たちは美術館が企画するさまざまな活動を通して活気をとり戻していま
す．

問題 3

145

読まれるテキスト

Pauline : Que pensez-vous de ce projet de nouvelle autoroute ?

Bertrand : Je ne suis pas pour ! Ça va encore une fois détruire l'environnement.

Pauline : Mais non. Ça va permettre d'augmenter le nombre de touristes et on en a besoin pour animer cette région.

Bertrand : Pas du tout ! Je ne pense pas que les touristes veuillent venir voir des sites pollués. Je suis absolument contre ce projet !

Pauline : Ne vous énervez pas autant. On en discutera calmement.

Bertrand : La forêt où vous allez faire passer cette route protège beaucoup de petits animaux et des oiseaux très rares. Ce lieu est un trésor de notre région. Vous devez prendre des mesures pour préserver la nature de cette forêt au lieu de la détériorer.

Pauline : Les écologistes disent toujours la même chose.

Bertrand : Vous avez annoncé, au moment de l'élection municipale pour le poste de maire, que vous établiriez des mesures pour la lutte contre la pollution de l'air. La maire que vous êtes maintenant a oublié ses paroles ?

Pauline : Non, je tiens mes promesses. Mais il faut en même temps mettre en valeur notre village.

Bertrand : Si on construisait la nouvelle voie en contournant la forêt ?

Pauline : Je crois que ce serait presque faire barrage à la société moderne.

146,
147

読まれる質問

① Qu'espère Pauline de ce projet de nouvelle autoroute ?

② Pourquoi Bertrand est-il contre la nouvelle route ?

③ D'après Bertrand, à quoi sert la forêt ?

④ Qu'est-ce que Pauline a dit à l'élection ?

⑤ Quelle est la proposition de Bertrand ?

① 「ポーリーヌは新しい高速道路計画について何を望んでいますか？」
- 💡 会話の流れからポーリーヌは計画賛成派，ベルトランは反対派という構図が見えてきます．この質問の答えはベルトランの反対意見に対するポーリーヌの 2 番目の発言内容から考えます．Ça va permettre d'augmenter le nombre de touristes... の部分です．前半の（　）前が複数定冠詞 les ですから nombre は入りません．後半の（　）は être に続けて形容詞が入ります．

② 「ベルトランはなぜ新しい道路に反対しているのですか？」
- 💡 ベルトランの 3 番目の発言で反対理由が語られています．この森はベルトランによれば un trésor de notre région なのです．前半の（　）はそこから考えます．（　）前の冠詞 le がヒントになります．後半の（　）は，3 文目の後半部分 ... au lieu de la détériorer. から考えます．（　）前が être ですから détériorer そのままの形では入りません．

③ 「ベルトランは森は何の役に立つと考えていますか？」
- 💡 ② と同様に 3 番目のベルトランの発言の前半部分 ... protège beaucoup de petits animaux et des oiseaux très rares. から考えます．前半の（　）はテキスト通りです．後半の（　）はテキストとは異なり oiseaux の続きが d'une grande... となっていますから形容詞 rares は入りません．d'une grande が très にあたります．形容詞 grande に続く女性名詞で「珍しい」というニュアンスの語が入ります．

④ 「ポーリーヌは選挙のときにどのような発言をしましたか？」
- 💡 ベルトランの Vous avez annoncé... の部分です．ポーリーヌの公約の内容は que 以下になります．... vous établiriez des mesures pour la lutte contre la pollution de l'air. から考えます．前半の（　）前には l' がありますから名詞が入ります．後半はテキストでは ... pour la lutte contre la pollution... ですが応答文では pour moins とありますから不定詞を入れます．

⑤ 「ベルトランの提案は何ですか？」
- 💡 最後のベルトランの発言です．〈Si on ＋半過去 ?〉の構文は提案のニュアンスです．前半の（　）は動詞を名詞にかえて入れます．後半の（　）はテ

キスト中ではジェロンディフですが，応答文は Il propose que... と名詞節を目的語にもつ構文ですから動詞の活用形が入ります．接続法です．

テキスト訳例

ポーリーヌ：この新しい高速道路計画についてどう思いますか？

ベルトラン：賛成ではありません！再度の環境破壊です．

ポーリーヌ：違いますよ．高速道路が通れば，観光客の数も増えるでしょうし，この地方の活性化のために必要です．

ベルトラン：とんでもない！観光客が汚染された観光地を見に来たがるとは私は思いません．この計画には絶対反対です！

ポーリーヌ：そんなに興奮しないでください．落ち着いて話し合いましょう．

ベルトラン：あなたがその道路を通そうとしている森にはたくさんの小動物や非常に珍しい鳥たちが生存しています．あの場所は我々の地方の宝なのです．あなたは森の自然を破壊するのではなく守る対策をとるべきです．

ポーリーヌ：エコロジストたちはいつも同じことを言いますね．

ベルトラン：あなたは市長選挙のとき大気汚染と闘う政策を打ち立てると公約しました．市長になった今となってあの発言を忘れたのですか？

ポーリーヌ：いいえ，公約は守ります．でも同時に我々の村の価値も上げねばなりません．

ベルトラン：森を迂回して新しい道を建設したらどうですか？

ポーリーヌ：それはほとんど社会の近代化をはばむことになるでしょう．

応答文（解答）

① Elle espère que les (**touristes**) seront plus (**nombreux**).

② Parce qu'avec son édification, le (**trésor**) de la région risque d'être (**détérioré**).

③ Elle (**protège**) beaucoup de petits animaux et des oiseaux d'une grande (**rareté**).

④ Elle a promis l'(**établissement**) des mesures pour moins (**polluer**) l'atmosphère.

⑤ Il propose que la (**construction**) de cette autoroute (**contourne**) la forêt.

───────────────

応答文訳例

① 彼女は観光客がもっと多くなることを望んでいます．
② その建設により地域の宝が破壊される恐れがあるからです．
③ 森はたくさんの小動物や非常に希少な鳥たちを守っています．
④ 彼女は大気汚染を減らす対策を立てることを約束しました．
⑤ 彼は森を迂回する高速道路の建設を提案しています．

問題 **4**

読まれるテキスト

148

Le journaliste :	Voulez-vous vous présenter brièvement ?
Jeanne :	Je suis nancéenne. Comme mon père gérait une station de ski, je me suis familiarisée avec la neige à partir d'un an et demi dans sa station, et c'est mon père qui m'a initiée aux sports d'hiver.
Le journaliste :	Quelle sorte de sport d'hiver pratiquez-vous ?
Jeanne :	Je suis skieuse, spécialiste des épreuves de vitesse. J'adore descendre la piste à toute allure. Je fais partie maintenant de l'équipe de France de ski alpin.
Le journaliste :	Vous avez participé aux jeux Olympiques ?
Jeanne :	Non, pas encore, mais à la dernière coupe du monde, je suis montée sur la deuxième marche du podium. C'était une expérience incroyable.
Le journaliste :	Nous sommes en ce moment en été. Comment vous entraînez-vous pendant la basse saison ?

Jeanne : Moi, à partir de la mi-mai, j'entame une préparation physique de base. Après je vais souvent sur des glaciers dans l'hémisphère sud, pour retrouver mes sensations avec la glace et la neige. Je crois que chaque coureur a ses propres méthodes d'entraînement.

Le journaliste : À propos de repas, sur quel point faites-vous notamment attention ?

Jeanne : Je cherche à garder un équilibre alimentaire quotidien. Mais ce n'est pas toujours facile, surtout pendant la saison des compétitions, car on se déplace presque toutes les semaines.

🎧
149,
150

読まれる質問

① Comment Jeanne passait-elle son enfance ?

② Que fait Jeanne actuellement comme compétition de ski ?

③ Jeanne a-t-elle gagné un premier prix en compétition ?

④ Quand Jeanne accorde-t-elle cette interview ?

⑤ À propos de son alimentation, quelle difficulté Jeanne rencontre-t-elle pendant la saison des compétitions ?

ヒントと解説

① 「ジャンヌは子ども時代をどのように過ごしていましたか？」

　💡ジャンヌの自己紹介の部分で述べられています．前半の穴埋めでは … est née à (　) となっていますから地名が入ります．本文中の nancéenne から考えます．Nancy の住人のことです．後半の (　) は，前に était がありますから，テキストで用いられている se familiariser から派生した形容詞を考えましょう．

② 「現在ジャンヌは何のスキー競技をしていますか？」

　💡2番目のジャンヌの答えの部分です．épreuves de vitesse や ski alpin などは

聞きやすいでしょう.

③「ジャンヌは競技で優勝したことがありますか？」

🔅記者の 3 番目の質問に対してのジャンヌの応答では，… à la dernière coupe du monde, je suis montée sur la deuxième marche du podium. と述べています．前半の（　）は本文のまま,後半は（　）前の médaille に合わせます．deuxième ですから銀メダルです.

④「ジャンヌはいつこのインタビューを受けていますか？」

🔅4 番目の質問で記者が時期について発言しています．Nous sommes… en été. 前半の穴埋めはテキスト通りの季節名が入ります．後半はテキスト中では la basse saison と表現されている部分です．同じ意味の hors を入れることも可能です.

⑤「食事面で，ジャンヌは競技シーズン中どのような困難を抱えていますか？」

🔅ジャンヌは最後の応答部分で，… ce n'est pas toujours facile… と述べています．ここでの ce は前の文の garder un équilibre alimentaire quotidien を指しますから前半の穴埋め部分にはテキスト通りの語 équilibre が入ります．後半の（　）はジャンヌがなぜ困難なのかを述べている部分です．… car on se déplace presque toutes les semaines. から考えます．本文では se déplacer と動詞ですが，（　）では直前が à cause de と前置詞句になっていますから名詞に置きかえます.

┌─────────┐
│ テキスト訳例 │
└─────────┘

記者：　簡単に自己紹介してください.

ジャンヌ：私はナンシー人です．父がスキー場を経営していたので，私は 1 歳半から父のスキー場で雪に親しんでいました．冬のスポーツに私を導いたのは父なのです.

記者：　どのような冬のスポーツをしていますか？

ジャンヌ：スキーです．特にスピード種目です．ゲレンデを全速力で滑降するのが大好きです．現在はフランスアルペンスキーチームに属しています.

記者：　オリンピックに参加したことは？

ジャンヌ：いいえまだです．でも前回のワールドカップでは表彰台の 2 段目に上ることができました．信じられない経験でした.

記者： 今は夏ですが，オフシーズンはどのような訓練をするのですか？

ジャンヌ：私の場合は，5月中旬から基礎体力準備を始めます．その後よく南半球の氷河に行き，氷や雪の感触をとり戻します．でも，スキーヤーはそれぞれ自分固有の訓練方法をもっていると思います．

記者： 食事面では特にどのような点に気を付けていますか？

ジャンヌ：日々の食事のバランスを保つよう気を付けています．でもそれはいつも簡単というわけではありません．特に競技シーズン中などは，というのもほとんど毎週のように移動しますから．

応答文（解答）

① Elle est née à (**Nancy**) et la neige lui était (**familière**) depuis qu'elle était toute petite.

② Elle pratique les (**épreuves**) de vitesse dans le domaine du ski (**alpin**).

③ Non, mais à la (**dernière**) coupe du monde, elle a obtenu la médaille d'(**argent**).

④ Elle la donne en (**été**), c'est-à-dire en (**basse / hors**) saison.

⑤ Il lui est difficile de garder un (**équilibre**) alimentaire quotidien à cause des (**déplacements**) fréquents.

応答文訳例

① 彼女はナンシーで生まれ，とても幼いころから雪と親しんでいました．

② 彼女はアルペンスキーのスピード種目をしています．

③ いいえ，しかし前回のワールドカップでは銀メダルをとりました．

④ 彼女は夏，つまりオフシーズンにインタビューに応じています．

⑤ 頻繁に移動があるので日常の食事のバランスを維持するのが彼女には難しいです．

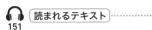

151

Chloé : Bonjour Vincent. Nous ne nous sommes pas vus depuis juin. As-tu passé de bonnes vacances ?

Vincent : Oui, Ça a été assez profitable. J'ai participé à l'université d'été des médias.

Chloé : Je t'envie d'y être allé. Où s'est-elle déroulée cet été ?

Vincent : À Hourtin. Pendant 3 jours, des gens du monde entier se sont rassemblés dans ce petit village près de Bordeaux.

Chloé : Les participants n'étaient donc pas uniquement français ?

Vincent : Non, cette université est ouverte à tous ceux qui sont intéressés par les informations.

Chloé : Quels étaient les thèmes des différentes séances de travail ?

Vincent : Les organisateurs nous ont offert une vingtaine d'ateliers à propos des questions des médias sur l'année écoulée et sur ce qui nous attend. J'ai assisté à l'atelier sur le rôle de la presse.

Chloé : Ah bon. Pour quelle raison ?

Vincent : Aujourd'hui, on critique souvent le parisianisme et l'élitisme de notre journal. J'ai eu envie de demander aux gens de me dire franchement leurs opinions. C'était vraiment une bonne occasion de créer un lien direct avec ceux qui nous lisent, dans une salle de classe, au café ou sur la place du village. J'ai pu profiter d'un moment heureux et fructueux en mangeant des huîtres, qui sont la spécialité du pays, avec du vin blanc de Bordeaux, bien sûr.

読まれる質問

① Vincent a-t-il rencontré Chloé à l'université d'été ?

② Qui peut s'inscrire à cette université ?

③ D'où venaient les participants ?

④ Pourquoi Vincent s'est-il rendu à l'atelier du rôle de la presse ?

⑤ Est-ce que Vincent était satisfait de son atelier ?

⑥ Quelles sont les spécialités bordelaises ?

ヒントと解説

① 「ヴァンサンは夏期大学でクロエに会ったのですか？」

   最初にクロエは Nous ne nous sommes pas vus depuis juin. と述べています
から夏休み中は会っていません．ヴァカンス後初めてになります．

② 「誰がこの大学に登録できますか？」

   3番目のヴァンサンの発言から考えます．... à tous ceux qui sont intéressés
par les informations. と述べています．テキストの à tous ceux qui に相当す
る部分が N'( ) qui になっています．「誰でも」という言い回しを思い出し
ましょう．

③ 「参加者たちはどこから来ていましたか？」

   2番目のヴァンサンの発言です．前半の（ ）にはテキストで用いられて
いる se rassembler 以外にも，同義語として se retrouver, se réunir を入れ
ることもできます．後半は ... du monde entier... から考えます．（ ）前に
quatre がありますから日本語の「四方」にあたる語が入ります．

④ 「ヴァンサンはなぜプレスの役割のワークショップに行ったのですか？」

   ヴァンサンの最後の発言から考えます．前半の（ ）はテキストの
... demander aux gens de me dire franchement leurs opinions. の部分か
ら拾います．後半の（ ）については，テキストでは批判の理由が2つ
(parisianisme, élitisme) 挙げられていますが（ ）前が l' ですから母音で
始まる語が入ります．

⑤ 「ヴァンサンは自分のワークショップに満足しましたか？」

   ヴァンサンは最後の発言で ... créer un lien direct avec ceux qui nous

lisent... と述べています．応答文では前半（　）の前に une bonne があり
ますから lien は入りません．同義語の女性名詞を入れましょう．後半は
ceux qui nous lisent を一語の名詞にします．

⑥「ボルドーの特産物は何ですか？」

　💡前半のカッコの前には cette がありますから（　）には「地方」を意味する
　　女性名詞が入ります．後半はカキなどを総称する「海」産物にあたる語が
　　入ります．

テキスト訳例

クロエ：　　こんにちは，ヴァンサン．６月以来会っていなかったわね．いいヴァ
　　　　　　カンスだった？

ヴァンサン：ああ，かなり有益だったよ．メディア夏期大学に参加したんだ．

クロエ：　　そこに行ったなんてうらやましいわ．今年の夏はどこであったの？

ヴァンサン：ウルタンだ．３日間，世界中から人々がボルドーの近くのこの小さな
　　　　　　村に集まった．

クロエ：　　それじゃあ，参加者はフランス人だけではなかったのね？

ヴァンサン：そうだよ．この大学は情報に興味をもっている人すべてに開かれてい
　　　　　　る．

クロエ：　　いろいろな勉強会のテーマにはどんなものがあったの？

ヴァンサン：企画側は昨今のメディアの問題についての約20ほどのワークショップ
　　　　　　を提供していた．僕はプレスの役割のワークショップに参加した．

クロエ：　　ああそう．どうして？

ヴァンサン：最近，人々はよく我々の新聞についてそのパリ主義やエリート主義を
　　　　　　批判しているだろ．僕は人々に率直な意見を聞きたかったのさ．教室
　　　　　　内やカフェや村の広場などで，我々の新聞の読者たちと関係を直接結
　　　　　　ぶ本当によい機会だった．この地方の特産のカキを食べながら，もち
　　　　　　ろんボルドーの白ワインを飲みながら，幸福で実り多い時間を満喫で
　　　　　　きたよ．

応答文（解答）..

① Non, il l'a revue après ses (**vacances**) pour la (**première**) fois.

② N'(**importe**) qui s'intéressant aux (**informations**).

③ Ils se sont (**rassemblés / retrouvés / réunis**) pour cet événement venant des quatre (**coins**) du monde.

④ Pour (**demander**) franchement aux gens leurs opinions sur l'(**élitisme**) de la presse parisienne.

⑤ Oui, Vincent a pu nouer une bonne (**relation**) avec les (**lecteurs**) de son journal.

⑥ Cette (**région**) est connue pour ses produits (**marins**), huîtres etc. et pour ses grands vins.

応答文訳例 ....

① いいえ，彼はヴァカンス後初めて彼女に会いました.

② 情報に興味をもっている人は誰でも.

③ 彼らはこのイベントのために世界中から集まりました.

④ パリの新聞のエリート主義について人々に率直に意見を聞くためです.

⑤ はい，ヴァンサンは彼の新聞の読者たちとよい関係を築くことができました.

⑥ この地方はカキなどの海産物と銘柄ワインで知られています.

1級の聞き取り ② は、準1級と同じ要領で行われます。配点も同じく10点です。テキストの分量は準1級より若干長い（220語程度）場合もあります。使われる語彙はより専門的になり、数字が読まれる場合は似たような数字がいくつも出てくることがあります。それぞれが何を表すのかを理解することが大切です。ここでもやはり、同意表現や反意表現の知識が問われますし、部分否定や二重否定などにも注意が必要です。

また、いかにも正しそうな正誤文が読まれても、その文が一般常識として正しいかではなく、テキストの内容に合致しているかを判別しなければならない、ということを常に意識しましょう。特に説明文の場合は、自分の知識や先入観にとらわれず、テキストの中で何がどのように述べられているかを正確に追うことが大切です。

過去問 [▶解答 p.171]

- まず，Roger の話を2回聞いてください．
- 次に，その内容について述べた文 ① ～ ⑩ を2回通して読みます．それぞれの文が話の内容に一致する場合は解答欄の ① に，一致しない場合は ② にマークしてください．
- 最後に，もう1回 Roger の話を聞いてください．
  （メモは自由に取ってかまいません）

〈CD を聞く順番〉 🎧 154 ➡ 154 ➡ 155 ➡ 155 ➡ 154

解答番号	解答欄		解答番号	解答欄	
①	①	②	⑥	①	②
②	①	②	⑦	①	②
③	①	②	⑧	①	②
④	①	②	⑨	①	②
⑤	①	②	⑩	①	②

154
読まれるテキスト

Je suis plombier depuis 1988, c'est-à-dire depuis l'âge de 17 ans. J'ai parcouru différentes régions, je suis même allé à l'étranger pour développer mon expérience. Au cours de ces interventions, aussi bien dans le neuf que dans les dépannages, j'ai beaucoup appris dans toutes sortes de domaines, domestiques et industriels.

Depuis 15 ans, je suis le gérant de l'entreprise que j'ai fondée et qui s'appelle Service Roger. Mon entreprise est spécialisée notamment dans la vidéo inspection des canalisations et dans la recherche de fuites dite « non destructive ». En effet, nous avons les moyens de sonder partout et de localiser les fuites sans rien casser, grâce à des appareils de haute précision comme le détecteur de gaz traceur, la caméra thermique, etc.

La plupart du temps, nous travaillons chez nos clients suite à une demande de conseils. Car nous avons, on l'oublie souvent, le devoir de donner des conseils et l'expérience ne se trouve pas sur Internet. Le « bouche à oreille » fonctionne bien par ici. Je peux vous dire que nous n'avons jamais laissé un client avec un problème sans solution. Et ça, depuis 15 ans ! Notre métier nous tient à cœur.

155
読まれる内容について述べた文（正誤文）

① Roger travaille comme plombier depuis 1997.

② Pour étoffer davantage ses connaissances, Roger n'est pas resté en France.

③ Pendant son apprentissage, Roger n'est intervenu que pour dépanner.

④ Il y a 15 ans, Roger a créé sa propre entreprise.

⑤ L'entreprise de Roger peut inspecter les canalisations par vidéo.

⑥ Roger n'est capable de localiser les fuites qu'en cassant tout.

⑦ Les clients demandent souvent des conseils à Roger.

⑧ D'après Roger, personne n'oublie que les plombiers doivent donner des conseils.

⑨ Roger est fier d'avoir laissé des clients avec leurs problèmes.

⑩ Le métier de plombier est considéré comme très important par Roger.

....

ヒントと解説

① 「1997 年からロジェは配管工として働いています.」

🔦 最初に数字が 2 つ（1988, 17）出てきます.正確に聞き取りましょう.

② 「さらに自分の知識を深めるために，ロジェはフランスにとどまりませんでした.」

🔦 ロジェはフランスのさまざまな地方，さらに外国にも出かけたと述べています.

③ 「修行中，ロジェは修理のみに携わりました.」

🔦 ... aussi bien dans le neuf que dans les dépannages... と述べていますからロジェは修理に特化してはいません.

④ 「15 年前ロジェは自分の会社を起業しました.」

🔦 ロジェは depuis 15 ans から経営者です.

⑤ 「ロジェの会社はヴィデオ映像で配管を調べることができます.」

🔦 ロジェの会社は ... spécialisée... dans la vidéo inspection des canalisations... です.

⑥ 「ロジェは全体を破壊することによってのみ漏れの箇所を特定できます.」

🔦 ロジェの会社は non destructive つまり sans rien casser の方策をもっています.

⑦ 「顧客はよくロジェに助言を求めます.」

💡テキストでは … suite à une demande de conseils. と述べられています.

⑧「ロジェによると，配管工は助言をしなければならないということを誰も忘れていません.」

　💡Car nous avons, on l'oublie souvent... ですから nous ＝配管工たちはしばしば助言の義務を忘れるのです.

⑨「ロジェは顧客を問題と共に放置したことを自慢しています.」

　💡反対です. … nous n'avons jamais laissé un client avec un problème... を自慢しているのです. ここの nous はロジェを含むロジェの会社の人たちです.

⑩「ロジェは，配管工という職業は非常に大切であると考えています.」

　💡テキスト全体，特に最後の発言からロジェがこの仕事にかけている思いが伝わります.

──［訳例］────────────────────────────

　私は 1988 年つまり 17 歳のときから配管工です. さまざまな地方を渡り歩きました. 自分の経験を磨くため外国にも行きました. それらの仕事を通して新規でも修理でも，住宅でも工業関係でも，あらゆる分野で多くのことを学びました.

　15 年前から私は自分で起業したロジェサービスという会社の経営者です. 私の会社は配管の映像監視といわゆる「非破壊型の」漏れの検査に特化しています. 実際，私たちは，ガス漏れ検知器や赤外線カメラなどの高性能の機械を使って，何も破壊することなくいたるところを検査し漏れの箇所を特定する方法をもっています.

　ほとんどの場合，私たちは助言の求めに応じて顧客のところで働きます. というのも，忘れられがちですが，私たちには助言をする義務がありその知識はインターネット上では見つかりません. 「口コミ」はこの場合よく機能します. 私は，私たちはお客様を解決策なしの状態で放り出すことは一度もしなかったと言えます. それが 15 年前からですよ！ 私たちは片時も自分の仕事を忘れません.

──［解答］────────────────────────────

① ②　　② ①　　③ ②　　④ ①　　⑤ ①　　⑥ ②　　⑦ ①　　⑧ ②　　⑨ ②　　⑩ ①

＊ここからは問題のみを記載します．聞き取りの要領は過去問の指示（p.170）を参照してください．

問題 1 [▶解答 p.176]

● **Claudine** の話を聞いてください．

〈CD を聞く順番〉 🎧 156 ➡ 156 ➡ 157 ➡ 157 ➡ 156

解答番号	解答欄		解答番号	解答欄	
①	①	②	⑥	①	②
②	①	②	⑦	①	②
③	①	②	⑧	①	②
④	①	②	⑨	①	②
⑤	①	②	⑩	①	②

問題 2 [▶解答 p.179]

● **Jean-Paul** の話を聞いてください．

〈CD を聞く順番〉 🎧 158 ➡ 158 ➡ 159 ➡ 159 ➡ 158

解答番号	解答欄		解答番号	解答欄	
①	①	②	⑥	①	②
②	①	②	⑦	①	②
③	①	②	⑧	①	②
④	①	②	⑨	①	②
⑤	①	②	⑩	①	②

問題 3 [▶解答 p.183]

● 子どもの誕生会についての話を聞いてください.

〈CD を聞く順番〉 🎧 160 ➡ 160 ➡ 161 ➡ 161 ➡ 160

解答番号	解答欄		解答番号	解答欄	
①	①	②	⑥	①	②
②	①	②	⑦	①	②
③	①	②	⑧	①	②
④	①	②	⑨	①	②
⑤	①	②	⑩	①	②

問題 4 [▶解答 p.186]

● フランスの高齢者の現状についての話を聞いてください.

〈CD を聞く順番〉 🎧 162 ➡ 162 ➡ 163 ➡ 163 ➡ 162

解答番号	解答欄		解答番号	解答欄	
①	①	②	⑥	①	②
②	①	②	⑦	①	②
③	①	②	⑧	①	②
④	①	②	⑨	①	②
⑤	①	②	⑩	①	②

問題 5 [▶解答 p.190]

● あるリセで起きた事件についての話を聞いてください.

〈CD を聞く順番〉 🎧 164 ➡ 164 ➡ 165 ➡ 165 ➡ 164

解答番号	解答欄		解答番号	解答欄	
①	①	②	⑥	①	②
②	①	②	⑦	①	②
③	①	②	⑧	①	②
④	①	②	⑨	①	②
⑤	①	②	⑩	①	②

問題 1

読まれるテキスト ···

Je vais chez mon médecin traitant tous les 2 mois à cause d'une migraine chronique. C'est un peu comme une habitude. Il m'examine et rédige une ordonnance. Puis, je vais à la pharmacie de mon quartier pour me procurer les médicaments prescrits. Avant, il n'y avait qu'une sorte de médicament qui me convenait. Mais il y a 2 jours, quand je suis allée acheter les médicaments, le pharmacien m'a conseillé d'acheter les médicaments génériques qui viennent d'être mis en vente.

Voici ce qu'il m'a expliqué : les médicaments génériques sont des médicaments équivalents à ceux d'origine au niveau de la qualité, de l'efficacité et de la sécurité. Les génériques sont produits après l'expiration du brevet des originaux et se vendent à un prix plus bas. Les économies ainsi réalisées sont avantageuses non seulement pour les patients mais aussi pour le système de santé de notre pays. En France, le recours aux génériques est en augmentation, il représente 36% des médicaments achetés. Mais ce pourcentage est bien inférieur aux 80% de l'Allemagne et du Royaume-Uni. Et donc le gouvernement français préconise la vente des génériques.

Bien que l'explication du pharmacien ait été claire, j'ai acheté, ce jour-là, les médicaments originaux. J'ai préféré recueillir moi-même des informations tranquillement à la maison et prendre la décision ensuite.

157 **読まれる内容について述べた文（正誤文）**

① Claudine ressent de temps en temps une douleur cardiaque.

② Claudine a un rendez-vous bimensuel avec son médecin.

③ Claudine n'achète pas de médicaments sans prescription de son médecin.

④ Les médicaments génériques ont une composition et une forme identiques aux médicaments originaux.

⑤ Le brevet du médicament que Claudine achète habituellement a expiré.

⑥ Les patients ne peuvent se faire rembourser les frais médicaux qu'en achetant les médicaments génériques.

⑦ 80% des Anglais accueillent favorablement la libéralisation du marché des médicaments.

⑧ Les Français recourent de plus en plus aux médicaments génériques, mais le gouvernement français pense que c'est insuffisant.

⑨ Claudine a entendu les renseignements fournis par le pharmacien.

⑩ Claudine s'est connectée sur place à Internet pour prendre sa décision.

....

[ヒントと解説]

① 「クロディーヌはときどき心臓に痛みを感じます.」
　💡 クロディーヌの病気は〈migraine chronique〉「慢性の偏頭痛」です.

② 「クロディーヌは月に2度通院しています.」
　💡 bimensuel は toutes les 2 semaines の形容詞です. クロディーヌが診察に行くのは tous les 2 mois です. この形容詞は bimestriel です.

③ 「クロディーヌは主治医の処方箋なしには薬を買いません.」
　💡 薬局で médicaments prescrits を買うと述べています.

④ 「ジェネリック医薬品は先発医薬品と同じ成分をもち同じ形をしています.」
　💡 品質, 効能, 安全性は同じですが, 成分と形に関する説明はありません.

⑤ 「クロディーヌがいつも買っている薬の特許は切れています.」
　💡 ジェネリック医薬品が出回っているということは, expiration du brevet des

originaux を意味します.

⑥「患者はジェネリック医薬品を買うことでしか医療費を払い戻してもらえません.」

　💡ジェネリック医薬品は un prix plus bas で販売されますが, 医療費の払い戻しについては言及されていません.

⑦「イギリス人の 80 パーセントが医薬品市場の自由化を歓迎しています.」

　💡テキスト中の 36 パーセント, 80 パーセントという数字は, 各国におけるジェネリック医薬品の利用率です.

⑧「フランス人は次第にジェネリック医薬品を買うようになっていますが, フランス政府はまだ不十分だと考えています.」

　💡フランスにおけるジェネリック医薬品の利用率は, ドイツやイギリスに比べて低いため, フランス政府はジェネリック医薬品の販売を préconiser しています.

⑨「クロディーヌは薬剤師によって提供された情報を理解しました.」

　💡薬剤師の説明は claire であったと述べています. 正誤文の entendre はここでは理解するという意味です.

⑩「クロディーヌは買う薬を決めるためにその場でインターネットに接続しました.」

　💡すぐ決断するのではなく, 家で tranquillement に情報収集したいと考えました.

訳例

　私は慢性の偏頭痛があり, 2 ヵ月ごとに主治医のもとに通っています. ほとんど習慣のようなものです. 主治医は診察をし処方箋を出します. その後私は近所の薬局に行き処方された薬を手に入れます. 以前私の症状に合う薬は 1 種類しかありませんでした. しかし 2 日前に薬を買いに行ったとき, 発売されたばかりのジェネリック医薬品を購入するよう薬剤師に勧められました.

　薬剤師は次のように説明しました. ジェネリック医薬品は, 先発医薬品と同等の品質, 効能そして安全性をもっています. ジェネリックは先発医薬品の特許が切れたあとに製造され, より安価な値段で販売されます. このように負担額が軽減されることは, 患者のみならずわが国の健康保険システムにとってもメリット

があります．フランスではジェネリック医薬品の利用は増えており，購入された医薬品の36パーセントを占めています．しかしこの比率はドイツや英国の80パーセントよりかなり少ないです．ですからフランス政府はジェネリック医薬品の販売を推奨しているのです．

　薬剤師の説明はわかりやすかったものの，この日は私は先発の薬を買いました．家でゆっくりと自分自身で情報を集めてから決めたいと思ったからです．

（解答）

① ②　　② ②　　③ ①　　④ ②　　⑤ ①　　⑥ ②　　⑦ ②　　⑧ ①　　⑨ ①　　⑩ ②

（問題 ②）

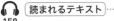

158

（読まれるテキスト）

Je participe aux activités de l'association « Mains Amicales ». Cette association entreprend des opérations diverses pour aider des familles défavorisées de la banlieue parisienne.

Cette année, je me suis occupé de la classe d'été qui donnait aux enfants de ces familles une occasion d'aller à la mer. Les caméramans de télévision, qui nous ont accompagnés, ont filmé ces enfants qui étaient émus en touchant, peut-être pour la première fois, les vagues qui montaient et descendaient, heureux et excités en se jetant à l'eau.

La télévision diffuse souvent des reportages sur les événements de notre association, par exemple à Pâques, au 1er mai et à la Toussaint, etc. J'ai regardé, cette fois aussi, l'émission relatant le reportage de notre classe de mer. Je n'ai pas pu m'empêcher de ressentir de la tristesse, plutôt que de la colère envers la société en général car je pense que les téléspectateurs, malgré leur empathie momentanée, ne prennent pas réellement conscience de la réalité. En effet, le reste du temps, ils oublient les situations difficiles des familles pauvres qui sont obligées de compter sur l'aide que nous leur apportons.

🎧
159 読まれる内容について述べた文（正誤文）

① L'association de Jean-Paul travaille essentiellement pour aider des familles en difficulté.

② Les activités de Jean-Paul ne s'étendent que sur la région Île-de-France.

③ Jean-Paul part régulièrement à la plage avec de petits Parisiens.

④ L'association de Jean-Paul accepte que des télévisions prennent des images des enfants.

⑤ Les caméramans de télévision ont filmé les enfants qui hésitaient à se baigner dans la mer et se figeaient devant des vagues.

⑥ Presque tous les enfants que Jean-Paul a emmenés avaient déjà l'expérience de se baigner à la mer.

⑦ Cette association invite chaque année tous les membres de familles modestes pour fêter ensemble Pâques.

⑧ Ces reportages suscitent chaque fois de grands échos favorables et permanents parmi les Parisiens.

⑨ Jean-Paul ressent l'indifférence des téléspectateurs envers les gens soutenus par son association.

⑩ Il existe toujours des familles qui ont besoin du secours de cette association.

① 「ジャン゠ポールの団体は主に困窮している家庭を援助するために活動しています.」

💡 この団体は … aider des familles défavorisées… の活動をしています. défavorisé も en difficulté もほぼ同義語です.

② 「ジャン゠ポールの活動はイル゠ド゠フランス地方でのみ行われています.」

💡 テキストでははっきりと la banlieue parisienne と述べています.

③ 「ジャン゠ポールは定期的にパリに住む子どもたちと海岸に出かけます.」

💡 定期的にではなくジャン゠ポールが担当したのは cette année です.

④ 「ジャン゠ポールの団体はテレビが子どもたちの映像を取ることを認めています.」

💡 この臨海学校にテレビカメラが同行したということは,団体の撮影許可を取っているはずです.

⑤ 「テレビカメラマンは海で泳ぐことをためらい,波を前にして固まっている子どもたちを映しました.」

💡 … ont filmé ces enfants qui étaient émus en touchant… les vagues… en se jetant à l'eau. ですから子どもたちは海に飛び込んでいるのです.

⑥ 「ジャン゠ポールが引率した子どもたちのほとんど全員がすでに海で泳ぐ経験をしていました.」

💡 テキスト中にはっきりと … peut-être pour la première fois… とあります.

⑦ 「この団体は復活祭を一緒に祝うため毎年恵まれない家庭の家族全員を招待しています.」

💡 確かにこの団体は,復活祭や5月1日や諸聖人の祝日にはイベントを開いていますが,家族全員を招待するとは述べていません.

⑧ 「このルポは毎回パリジャンたちに好意的で持続的な反響を引き起こしています.」

💡 このルポを見た視聴者が感じるものは empathie momentanée です.

⑨ 「ジャン゠ポールは,彼の団体が支援している人々に対してのテレビ視聴者たちの無関心さを感じています.」

💡 テキストの後半部分 Je n'ai pas pu m'empêcher… から考えます. 視聴者たちは … ne prennent pas réellement conscience de la réalité. で,さらに

... ils oublient les situations difficiles... です.

⑩「この団体の援助を必要としている家族は常に存在します.」

　🔆テキスト全体, 特に最後の文から考えます.

[訳例]

　私は「友情の手」という団体の活動に参加しています. この会はパリ近郊の恵まれない家庭を援助するためにさまざまな活動を企画しています.

　今年私はこれらの家庭の子どもたちに海へ行く機会を提供するという夏期学級を担当しました. 私たちに同行したテレビカメラが, おそらく初めて, 寄せては返す波に触れて感動し, 水に飛び込んでは喜び興奮している子どもたちを映していました.

　テレビはよく, 例えば復活祭, 5月1日, 諸聖人の祝日などの際の我々の団体のイベントについてルポを放映します. 今回もまた, 私たちの臨海学級を詳しく伝えた番組を私は見ました. 私は一般社会に対して, 怒りよりもむしろ悲しみを覚えるのを禁じえませんでした. というのも, 視聴者たちは束の間感情を動かされるが, その現実には実際は気が付いていないと思うからです. 確かに, 普段彼らは, 私たちが行っている援助に頼らざるを得ない貧しい家庭の困窮状態のことは放念しているのです.

[解答]

① ①　② ①　③ ②　④ ①　⑤ ②　⑥ ②　⑦ ②　⑧ ②　⑨ ①　⑩ ①

160

Les fêtes anniversaires organisées, depuis les années 1970-1980, par les parents pour leurs enfants, deviennent de plus en plus extravagantes et coûtent de plus en plus cher. Ce n'est pas grave lorsque les faiseurs et les invités, amenés à rendre les invitations, sont du même monde, en général des personnes de classe aisée et qui d'ailleurs rivalisent dans le grandiose en espérant « en mettre plein la vue » aux autres.

Mais, quand dans un même établissement scolaire, cohabitent des élèves issus de milieux différents, de nombreux problèmes relationnels surviennent, souvent aggravés par l'utilisation intensive des réseaux sociaux d'Internet. Des parents, qui font déjà des efforts financiers importants pour que leurs enfants suivent une longue scolarité, sous la pression de ces enfants, qui ne voient et n'entendent que les réflexions d'autres élèves, se mettent en péril pour les satisfaire. D'autres, plus raisonnables, ne le font pas et ce sont les enfants qui subissent les railleries, et souvent plus, des autres élèves.

Ces fêtes anniversaires qui tendent plus à diviser qu'à réunir, semblent souvent plus destinés à permettre aux parents de satisfaire leur « ego ».

161

① Les fêtes anniversaires pour les enfants datent de la dernière décennie du 20ᵉ siècle.

② Les fêtes anniversaires des enfants deviennent progressivement déraisonnables et coûteuses.

③ Les parents qui ont les moyens organisent une fête luxueuse en vue d'impressionner fortement les autres parents.

④ Les parents dont les enfants participent à la fête anniversaire de leurs camarades sont tenus de rendre les invitations.

⑤ Dans chaque établissement scolaire, les élèves sont tous de même condition sociale.

⑥ Les parents résolvent divers problèmes relationnels entre eux grâce aux réseaux sociaux sur Internet.

⑦ Certains parents peuvent être en difficulté financière suite à une fête anniversaire.

⑧ Tous les parents déploient leurs efforts afin de faire une belle fête d'anniversaire.

⑨ Lorsqu'un enfant se voit priver d'une fête anniversaire, il endure des sarcasmes.

⑩ Ces fêtes anniversaires qui sèment la division servent à procurer de l'autosatisfaction à certains parents.

ヒントと解説

① 「子どものための誕生会は20世紀の最後の10年間に始まりました.」
　誕生会は1970〜80年代以降に開かれるようになりました.最後の10年間ではありません.

② 「子どもの誕生会は次第に常識外れの,そして費用がかさむものになっています.」
　extravagantes と déraisonnables は同じ意味で使われています.

③ 「裕福な親たちは,他の親たちの度肝を抜くために豪華なパーティーを企画します.」
　テキスト6行目の〈en mettre plein la vue à 〉「〜を威圧する,〜の目をくらませる」を理解しているかを問う問題です.

④ 「子どもが友だちの誕生会に参加する場合,親はお返しの招待をしなければなりません.」

💡… les invités, amenés à rendre les invitations… の箇所です．正誤文で用いられている〈être tenu(e) de〉は「～を（道徳的に）義務付けられている」を意味します．

⑤「各学校の生徒たちは皆同じ社会的環境に属しています．」

💡… cohabitent des élèves issus de milieux différents… ですから，異なる社会階層出身の生徒たちが混在しています．〈issu(e) de〉は「～出身の」という意味です．

⑥「親たちは彼らの間の人間関係の諸問題をインターネットのソーシャルネットワークによって解決します．」

💡ソーシャルネットワークは問題を解決するのではなく引き起こし，深刻化させています．… de nombreux problèmes relationnels surviennent, souvent aggravés… と述べられています．

⑦「誕生会を開いた後，経済的に困窮する親たちもいます．」

💡ただでさえ教育費の負担に苦しんでいる親は誕生会によって〈se mettre en péril〉「窮地に立たされ」ます．

⑧「すべての親はすてきな誕生会をするために大いに努力します．」

💡誕生会を開かない親たちもいます．D'autres, plus raisonnables, ne le font pas… の箇所です．

⑨「誕生会を開いてもらえないと，その子どもは冷やかされます．」

💡親が誕生会を開かないつけは子どもに回ってきます．… ce sont les enfants qui subissent les railleries… です．正誤文の〈se voir ＋不定詞〉は「～される」，受け身の意味です．

⑩「分断の種をまいているこれらの誕生会によって自己満足する親たちもいます．」

💡テキストの satisfaire leur « ego » と正誤文の l'autosatisfaction は同じ意味です．

訳例

1970～80 年代以降，親が子どものために開いてきた誕生会は，次第に度を超え費用がかさむようになっています．誕生会を企画する側と，後にその招待のお返しをすることになる招待客側が同じ社会階層の場合は大した問題はありません．一般的にこういった人々は富裕層で，そのうえ他の人に「あっと言わせたい」

気持ちから会の派手さを競い合っています.

　しかし同じ学校内に異なる階層出身の生徒たちが混在する場合，人間関係の多くの問題が生じ，インターネットのソーシャルネットワークが集中的に使われることによりそれらの問題はしばしば深刻化します．子どもたちの長期にわたる就学期間の費用を工面するためすでに経済的に相当苦労している親たちは，同級生の意見しか理解しようとせず聞こうとしない子どもたちにプレッシャーをかけられ，彼らを満足させるために窮地に立たされています．より分別ある考えから誕生会を開かない親たちもいますが，その場合同級生に冷やかされたり，しばしばそれ以上のことをされたりするのはその子どもたちとなります.

　こうした誕生会は人々を結び付けるというより分断させる傾向をもち，しばしば親たちがその「エゴ」を満足させるためのものであるかのように思われます.

解答 ···

① ②　　② ①　　③ ①　　④ ①　　⑤ ②　　⑥ ②　　⑦ ①　　⑧ ②　　⑨ ①　　⑩ ①

問題 4

読まれるテキスト ·····································

162

　En France, actuellement les caisses qui paient les retraites aux personnes que l'on appelle familièrement anciens ou seniors, gèrent beaucoup de veuves ; pourquoi cet état de fait ?

　D'une part, l'espérance de vie des femmes est supérieure d'à peu près 5 ans à celle des hommes ; d'autre part les hommes nés avant 1979 avaient à faire une période de service national de presque 2 ans, et en général ce n'était qu'après leur libération qu'ils songeaient à se marier. Ainsi, il y avait un écart d'âge entre le mari et la femme, et le mari plus âgé et à l'espérance de vie plus faible, est donc mort avant sa femme. La suppression du service national, en octobre 1997, a permis aux hommes d'être disponibles plus tôt pour vivre en ménage.

Les jeunes femmes ont souvent poursuivi des études, ce que n'avaient pas fait leurs grands-mères, ainsi elles ont pensé au mariage plus tardivement, et pour les jeunes couples la différence d'âge s'est estompée. Même souvent, s'étant rencontrés au cours de leurs études ou de leur travail, ils ont des âges identiques. On peut donc penser que ces futurs seniors pourront espérer avoir une vie commune qui pourrait être plus longue que celle de leurs anciens, et qu'ainsi à terme, il y aurait moins de veuves que maintenant.

163

読まれる内容について述べた文（正誤文）

① De nombreuses veuves sont dénombrées parmi les seniors qui se voient rémunérer une pension par les caisses de retraite.

② En France, l'espérance de vie des femmes a augmenté depuis 5 ans par rapport à celle des hommes.

③ Dans les années 70, les jeunes hommes français étaient appelés sous les drapeaux.

④ Les anciens couples avaient souvent des âges différents, les femmes étant plus vieilles.

⑤ Après avoir été dispensés du service national obligatoire en 1987, certains hommes ont envisagé le mariage plus tôt qu'avant.

⑥ Les jeunes femmes ont continué la tradition de leurs grands-mères en devenant étudiantes.

⑦ De nos jours, on peut souvent rencontrer de nouveaux jeunes mariés d'âges similaires.

⑧ Il arrive que les jeunes couples se soient connus durant leurs diverses activités.

⑨ On peut penser que les nouveaux couples pourront considérer être ensemble moins de temps que leurs ancêtres.

⑩ On peut estimer qu'à l'avenir les caisses de retraite paieront encore plus de pensions de veuves.

....

ヒントと解説

① 「年金公庫から年金を受け取っている高齢者の中には多くの未亡人がいます.」
　💡 … les caisses… gèrent beaucoup de veuves… の箇所です.

② 「フランスでは5年前から女性の平均余命が男性の平均余命よりも延びています.」
　💡 テキストと正誤文は同じような語を用いていますが意味はまったく違うので注意しましょう. テキストでは「女性の平均余命が男性の平均余命よりも5年長い」と述べています.

③ 「70年代, 若いフランス人男性は応召しました.」
　💡 drapeau は複数で「軍隊」です. 〈être appelé sous les drapeaux〉は召集に応じて軍務につくことを表します. 1979年以前に生まれた男性は service national が義務付けられていたのです. ですから, 70年代は兵役が行われていたことになります.

④ 「かつての夫婦はしばしば年齢差があり, 女性の方が年上でした.」
　💡 男性は兵役を終えてから結婚について考えたため, 一般的に男性の方が年上でした.

⑤ 「1987年に国民役務を免除された後, 以前よりも早く結婚を考える男性もでてきました.」
　💡 テキストでは1997, 正誤文では1987と異なる年号が読まれています. 音が似ているので注意して聞き分けましょう.

⑥ 「若い女性たちは学生になっても祖母たちと同じしきたりを続けています.」
　💡 … ce que n'avaient pas fait leurs grands-mères… の箇所です. そして女性の結婚が遅くなっている, と続けています.

⑦ 「最近は同年齢の新婚夫婦をよく見かけるようになりました.」
　💡 … la différence d'âge s'est estompée. … ils ont des âges identiques. と述べています. similaire と identique は同義語です.

⑧「若いカップルが，さまざまな活動を通して知り合うことはよくあります.」

　💡études や travail を通じて出会うカップルもいます.

⑨「最近のカップルはかつてのカップルに比べて生活を共にする時間がより短いだろうと考えられます.」

　💡avoir une vie commune... plus longue と être ensemble moins de temps は反対の意味になります.

⑩「今後年金公庫が未亡人に支払う年金は一層増えるだろうと予想されます.」

　💡男性の兵役義務がなくなったこと，夫婦の年齢差が少なくなっていることから，将来的には ... il y aurait moins de veuves... と述べられています. 正誤文の逆の状況になるでしょう.

[訳例]

　フランスでは現在，俗に年長者とかシニアと呼ばれる人々に年金を支払っている公庫は多くの未亡人を対象としています. なぜこのような現状になっているのでしょうか?

　一つには，女性の平均余命が男性のよりほぼ 5 年長いことが挙げられます. もう一つ，1979 年以前に生まれた男性は，およそ 2 年間の国民役務（＝兵役）が義務付けられていたため，彼らが結婚について考えたのは一般的にその役務から解放されたのちでした. こうして夫婦間には年齢差が生じ，妻より年上で平均余命も短い夫は妻に先立ちました. 1997 年 10 月に国民役務が廃止されたことにより，男性たちは家庭生活をより早く始められるようになりました.

　若い女性たちはしばしば学業を続けるようになりましたが，それは祖母の世代にはなかったことで，このことから女性たちは結婚について考える時期が遅くなり，若いカップル間の年齢差がなくなってきました. 学生時代や職場で出会いカップルが同年齢のこともよくあります. それゆえ，将来のシニアたちはかつてのシニアよりも長い期間共に生活を送ることが期待できそうです. そしていずれは現在よりも未亡人の数が少なくなるでしょう.

[解答]

① ①　　② ②　　③ ①　　④ ②　　⑤ ②　　⑥ ②　　⑦ ①　　⑧ ①　　⑨ ②　　⑩ ②

問題 5

読まれるテキスト

Dans la région parisienne, un lycéen de 15 ans a menacé, un pistolet à la main, une professeure dans sa classe, afin qu'elle rectifie le registre des présences en sa faveur.

Ce fait divers, qui a fait le tour de tous les médias de France, télévisions, radios, journaux, s'est révélé, après l'arrestation du coupable, être une mise en scène pour une publication sur Internet. En effet, pendant l'action, son copain filmait le tout sur son smartphone et l'a rapidement publié sur les réseaux sociaux.

Mais, le fait de s'en prendre à une enseignante une arme à la main, même si celle-ci était factice, a déclenché une « levée de boucliers » générale et le lycéen a été arrêté, mis en examen et est passible d'une peine de prison, en plus d'avoir été renvoyé de son lycée, son complice, le photographe, aussi d'ailleurs.

Tout ceci afin de paraître un « caïd » sur les réseaux sociaux. On espère que la peine prononcée sera lourde et dissuasive pour les éventuels imitateurs. On aimerait, d'autre part, que de nombreux contrôles préalables soient exercer sur les réseaux sociaux où tout et n'importe quoi peut s'exposer.

読まれる内容について述べた文（正誤文）

① Un lycéen a pointé une arme sur une professeure pour lui imposer la rectification en sa faveur de ses dernières notes.

② Le complice a été récompensé pour la publication de tous les détails de cette affaire sur Internet.

③ L'opinion publique française a manifesté une vive opposition envers ces deux lycéens.

④ Les deux coupables ont pu s'enfuir sans être inquiétés grâce aux collaborateurs recrutés sur les réseaux sociaux.

⑤ L'arme employée n'aurait pas pu tuer ou blesser quelqu'un.

⑥ Les deux adolescents ont été renvoyés du lycée et peuvent être condamnés à une peine de prison.

⑦ Toutes les données personnelles de ces deux suspects ont été exposés sur Internet après leur arrestation.

⑧ On craint que des événements semblables se produisent si seulement une peine légère est infligée.

⑨ Le lycéen espérait qu'avec cette action on le considèrerait comme un chef.

⑩ Actuellement, étant donné qu'il y a divers contrôles, on ne peut pas faire paraître n'importe quoi sur les réseaux sociaux.

....

〔ヒントと解説〕

① 「1人の高校生が女性教師に対し武器を向け，最新の成績を自分に都合よく書きかえさせることを強要しました.」

　💡 pointer une arme の部分は正しいものの，その目的は成績ではなく registre des présences の書きかえでした.

② 「共犯者はこの事件の一部始終をインターネット上に公開したことによる報酬を受け取っていました.」

　💡 インターネット上に公開したのは共犯者である犯人の友人ですが，報酬については何も述べられていません.

③ 「フランスの世論はこの2人の高校生に対して激しい抗議を示しました.」

　💡 テキストで用いられている〈levée de boucliers〉「集団的な抗議運動」の理解を問う問題です.

④ 「2人の犯人はSNSで募った協力者のおかげで，警察に追われずに逃げおおせました.」

　💡 … le lycéen a été arrêté… ですから逮捕されました. また協力者を募ったこ

とについては言及がありません.

⑤「用いられた武器は人を殺したり傷つけたりすることはできないようなものでした.」

🔆 犯人の高校生が持っていたピストルは factice でしたから殺傷能力はありませんでした.

⑥「2 人の青少年は高校退学となり,実刑判決を下される可能性があります.」

🔆 テキストでも … avoir été renvoyé de son lycée… とほぼ同じ表現が用いられています.判決については,テキストに … est passible d'une peine de prison… とあります.これは,まだ判決は確定していないものの実刑判決を課されるべきだと考えられていることを示しますから,正誤文の内容と合致します.

⑦「2 人の容疑者の逮捕後,彼らの個人情報はすべてインターネットにさらされました.」

🔆 2 人の高校生の個人情報については言及されていません.テキストの最後に s'exposer が使われていますが,正誤文では exposer の受動態です.別の文脈なので混同しないようにしましょう.

⑧「課される刑が軽いものだった場合,似たような事件が起こるのではないかと人々は懸念しています.」

🔆 On espère que la peine prononcée sera lourde et dissuasive pour les éventuels imitateurs. の箇所です.特に dissuasif の意味を理解していることが重要です.

⑨「その高校生は自分がとった行動によって一目置かれることを期待していました.」

🔆 caïd は「大物,ボス」を表します.chef と同じ意味で用いられています.

⑩「現在さまざまなチェックがあるため,ソーシャルネットワーク上に何でも公開できるわけではありません.」

🔆 … n'importe quoi peut s'exposer. ですから,何でも公開できます.それが問題視されているわけです.

訳例

　パリ地方で,15 歳の 1 人の高校生が手にピストルを持って教室にいた女性教師を脅し,出席簿を自分に都合よく書きかえさせました.

テレビやラジオ，新聞といったフランスのあらゆるメディアをかけめぐったこの三面記事的な事件は，犯人が逮捕されたのち，インターネット上の公開を目的として仕組まれたものであったことが発覚しました．実際，犯行の間，仲間がスマートフォンに一部始終を録画し，ソーシャルネットワーク上にただちにのせました．

　しかし，偽物とはいえ武器を片手に女性教員に攻め寄った事実は，広範な「抗議運動」を引き起こし，その高校生は録画をしていた共犯者とともに高校退学処分となった上，逮捕され，取り調べを受けました．実刑判決が下されるべきです．

　こういったすべてのことはソーシャルネットワーク上で「大物」に見られるために行われました．今後出現しうる模倣犯のことを考慮し，宣告される刑が重く抑止効果のあるものであることを人びとは願っています．他方，どんなことでもすべてが人目にさらされてしまうソーシャルネットワークに対し，多くのチェックが事前に行われることが望ましいでしょう．

（解答）
① ②　　② ②　　③ ①　　④ ②　　⑤ ①　　⑥ ①　　⑦ ②　　⑧ ①　　⑨ ①　　⑩ ②

実用フランス語技能検定試験
聞き取り試験問題冊子 〈 1 級 〉

書き取り・聞き取り試験時間は、
16 時 20 分 から 約 40 分 間

　先に書き取り試験をおこないます。解答用紙表面の書き取り試験注意事項をよく読んでください。書き取り試験解答欄は裏面にあります。
　この冊子は指示があるまで開かないでください。

◇筆記試験と書き取り・聞き取り試験の双方を受験しないと欠席になります。
◇問題冊子は表紙を含め 4 ページ、全部で 2 問題です。

書き取り・聞き取り試験注意事項

1　途中退出はいっさい認めません。
2　書き取り・聞き取り試験は、CD・テープでおこないます。
3　解答用紙の所定欄に、**受験番号**と**カナ氏名**が印刷されていますから、まちがいがないか、**確認**してください。
4　CD・テープの指示にしたがい、中を開いて、日本語の説明をよく読んでください。フランス語で書かれた部分にも目を通しておいてください。
5　解答はすべて別紙の書き取り・聞き取り試験解答用紙の解答欄に、**HB または B**の黒鉛筆（シャープペンシルも可）で記入またはマークしてください。ボールペンや万年筆等でマークした解答は機械による読み取りの対象とならないため、採点されません。
6　問題内容に関する質問はいっさい受けつけません。
7　**携帯電話等の電子機器の電源はかならず切って、かばん等にしまってください。**
8　**時計のアラームは使用しないでください。**
9　この試験問題の複製（コピー）を禁じます。また、この試験問題の一部または全部を当協会の許可なく他に伝えたり、漏えいしたりすることを禁じます（インターネットや携帯サイト等に掲載することも含みます）。

－ 1 －

実用フランス語技能検定試験（1級）書き取り 聞き取り 試験　解答用紙

書き取り試験注意事項　（書き取り試験解答欄は裏面にあります。）

フランス語の文章を、次の要領で3回読みます。全文を書き取ってください。

- ・1回目は、ふつうの速さで全文を読みます。内容をよく理解するようにしてください。
- ・2回目は、ポーズをおきますから、その間に書き取ってください（句読点も読みます）。
- ・最後に、もう1回ふつうの速さで全文を読みます。
- ・読み終わってから3分後に、聞き取り試験にうつります。
- ・数を書く場合は、算用数字で書いてかまいません。（配点　20）

会　　場　　名

氏　　　　名

会場コード　　受験番号

記入およびマークについての注意事項
1. 解答にはかならずHBまたはBの黒鉛筆（シャープペンシル6可）を使用してください。ボールペンや万年筆等でマークした解答は機械による読み取りの対象とならないため、採点されません。
2. 記入は太線の枠内で、マークは○の中を正確に塗りつぶしてください（下記マーク例参照）。採点欄は塗りつぶさないでください。
3. 訂正の場合は、プラスチック製消しゴムできれいに消してください。
4. 解答用紙を折り曲げたり、破ったり、汚したりしないでください。

マーク例
良い例　　　悪　い　例

書き取り試験
採　点　欄

聞き取り試験

1	解答番号	解　答　欄	採点欄	解答番号	解　答　欄	採点欄
	(1)			(3)		
	(2)			(4)		
				(5)		

2	解答番号	解　答　欄	解答番号	解　答　欄
	(1)	① ②	(6)	① ②
	(2)	① ②	(7)	① ②
	(3)	① ②	(8)	① ②
	(4)	① ②	(9)	① ②
	(5)	① ②	(10)	① ②

1級書き取り試験　解答欄

書き取り試験　[▶解答 p.199]

注意事項

- フランス語の文章を次の要領で 3 回読みます．全文を書き取ってください．
- 1 回目は，ふつうの速さで全文を読みます．内容をよく理解するようにしてください．
- 2 回目は，ポーズをおきますから，その間に書き取ってください（句読点も読みます）．
- 最後に，もう 1 回ふつうの速さで全文を読みます．
- 読み終わってから 3 分後に，聞き取り試験に移ります．
- 数を書く場合は，算用数字で書いてかまいません．

〈CDを聞く順番〉🎧 166 ➡ 167 ➡ 166

聞き取り試験 ① [▶解答 p.201]

1 注意事項
- まず，Béatrice へのインタビューを聞いてください．
- つづいて，それについての5つの質問を読みます．
- もう1回，インタビューを聞いてください．
- もう1回，5つの質問を読みます．1問ごとにポーズをおきますから，その間に，答えを解答用紙の解答欄にフランス語で書いてください．
- それぞれの（　）内に1語入ります．
- 答えを書く時間は，1問につき10秒です．
- 最後に，もう1回インタビューを聞いてください．
- 数を記入する場合は，算用数字で書いてください．
（メモは自由に取ってかまいません）

〈CDを聞く順番〉🎧 168 ➡ 169 ➡ 168 ➡ 170 ➡ 168

① Elle fait des (　　　　　　) sur les animaux (　　　　　　), surtout les manchots royaux.

② Elle alerte (　　　　　　) la situation grave de ces oiseaux qui peuvent (　　　　　　) avant la fin du siècle.

③ À cause de l'(　　　　　　) de la température, ils sont obligés d'aller nicher (　　　　　　).

④ Les bébés manchots ne (　　　　　　) pas bien à ce (　　　　　　) d'alimentation régulière.

⑤ Il faut agir à l'échelle (　　　　　　) pour (　　　　　　) moins de gaz à effet de serre.

解答欄

① _____　　_____

② _____　　_____

③ _____　　_____

④ _____　　_____

⑤ _____　　_____

聞き取り試験 ② [▶解答 p.204]

2 注意事項

• まず，フランスの労働市場についての話を 2 回聞いてください．

• 次に，その内容について述べた文 ① 〜 ⑩ を 2 回通して読みます．それぞれの文が話の内容に一致する場合は解答欄の ① に，一致しない場合は ② にマークしてください．

• 最後に，もう 1 回フランスの労働市場についての話を聞いてください．（メモは自由にとってかまいません）

〈CD を聞く順番〉 🎧 171 ➡ 171 ➡ 172 ➡ 172 ➡ 171

解答番号	解答欄		解答番号	解答欄	
①	①	②	⑥	①	②
②	①	②	⑦	①	②
③	①	②	⑧	①	②
④	①	②	⑨	①	②
⑤	①	②	⑩	①	②

書き取り試験

読まれるテキスト

Il est important que *tous les consommateurs*① lisent attentivement *les pancartes placées*② dans les rayons *des magasins*③, les étiquettes *figurant*④ sur les divers aliments, en posant des questions complémentaires *aux différents*⑤ vendeurs, et en refusant d'acheter lorsqu'*ils n'obtiennent*⑥ pas les renseignements *permettant*⑦ de connaître la provenance, les conditions de stockage et la composition.

Des *revues spécialisées, indépendantes*⑧, testent régulièrement *toutes sortes de*⑨ produits et publient leurs résultats en toute objectivité. *Ces*⑩ revues sont, en général, consultables gratuitement dans les *bibliothèques et médiathèques*⑪ publiques.

N'achetons pas n'importe quoi, mais privilégions la meilleure qualité possible, comme par *exemple*⑫ les produits classés « label rouge ».

　食品を購入する際に消費者が取るべき態度について述べたテキストです．1文が長いので，文の構造を考え，形容詞の一致に注意しながら書き取りましょう．

① les が聞こえれば tous が複数であることがわかります．consommateur は男性名詞なので tout や toute(s) ではなく tous です．
② 冠詞を聞き取り，複数であることを確認しましょう．形容詞は女性複数です．
③ des は de ＋ les．つまり magasins は複数です．
④ figurer の現在分詞，qui figurent の意味．
⑤ différent は名詞の前に置かれると「さまざまな，いくつかの」という意味になり，一般に複数で用いられます．[o] が au ではなく aux になることにも注意してください．
⑥ ils は consommateurs のことで，obtiennent の発音からも主語が複数であるこ

第3部　1級仏検対策

第11章　1級 書き取り・聞き取り模擬試験

とがわかります.

⑦ permettre の現在分詞，qui permettent の意味.

⑧ spécialisées も indépendantes も revues を修飾しているので女性複数です．一致に気を付けましょう.

⑨〈toutes sortes de ＋名詞〉「あらゆる種類の」．toutes も sortes も de 以下の名詞も複数になります.

⑩ 7行目の Des revues は revues が初出名詞なので不定冠詞が付きましたが，ここの revues は「このような雑誌」の意味ですから指示形容詞になります.

⑪「戸棚，（本などの）保管所」などの意味の接尾辞 -thèque の e にはアクサンが付きます.

⑫ 英単語 example と混同しないように注意しましょう.

訳例

すべての消費者たちが，店の売り場に貼られた貼り紙やいろいろな食べ物に付けられたラベルを注意深く読み，いく人かの店員たちに補足的な質問をしたり，生産地や保管状況，成分についての情報を得られない場合には，購入しないということが重要です.

数冊の独立系専門雑誌は，定期的にあらゆる種類の生産物についてテストを行い，きわめて客観的に結果を公表しています．このような雑誌はふつう公共の図書館やメディアライブラリーにおいて無料で閲覧できます.

いい加減な買い物をしないようにしましょう，そして例えば「ラベル・ルージュ*」を付けられた生産物のような，できるだけ優良な品質のものを率先して購入するようにしましょう.

 ＊フランスで高品質の食品に付ける証票

168

読まれるテキスト

Le journaliste :	Bonjour Madame. Vous êtes chercheuse. Voulez-vous expliquer en peu de mots l'article que vous venez de publier dans la revue scientifique ?
Béatrice :	Je me charge depuis 10 ans d'étudier les animaux polaires, surtout les manchots royaux. J'aimerais que l'on connaisse leur situation actuelle : ils sont effectivement soumis aux changements du climat. Jusqu'ici, on pensait qu'ils supporteraient relativement bien cette évolution et pourraient s'y adapter. Mais, j'ai découvert au cours de mes recherches que la réalité était inquiétante. Il semble que leur disparition soit proche.
Le journaliste :	La population de ces oiseaux diminue ?
Béatrice :	Heureusement, jusqu'à aujourd'hui, pas tellement. Cependant à cause de la hausse de la température terrestre, ils sont obligés de changer de milieu.
Le journaliste :	Ça donne une si grande influence sur eux ?
Béatrice :	Oui. Avec le déplacement de leur habitat, ils doivent aller plus loin qu'avant pour chasser leurs proies. Les parents doivent, dans certains cas, laisser leurs poussins sans nourriture pendant plus de 10 jours. Les bébés ne peuvent pas résister à ce manque et finissent par mourir de faim.
Le journaliste :	Est-ce qu'il y a de bonnes mesures possibles pour les sauver ?
Béatrice :	Il faut mettre en place mondialement et rapidement des actions pour réduire les émissions de gaz à effet de serre et ainsi empêcher l'amplification des changements climatiques.

📖 **読まれる質問**

① Quelle est la spécialité de Béatrice ?

② Qu'est-ce que Béatrice a écrit dans la revue ?

③ Pour quelle raison les manchots doivent-ils changer d'habitat ?

④ Quel résultat provoquent les longs voyages des parents ?

⑤ Que devons-nous faire maintenant pour sauver ces animaux ?

ヒントと解説

①「ベアトリスの専門は何ですか？」
　💡記者の質問に対してベアトリスは最初の発言で自分の専門を述べています．テキストでは Je me charge... d'étudier les animaux polaires... の部分です．応答文では，動詞が faire に変わっているので前半の（　）にはテキスト9行目に出てくる「研究」にあたる名詞が入ります．études でもよさそうですが faire des études は「学問を修める」ですから chercheuse のベアトリスに対しては使えません．後半の（　）はテキスト通りです．

②「ベアトリスは雑誌に何を書きましたか？」
　💡ベアトリスは最初の発言で記事の内容を述べています．記事の中でベアトリスはペンギンたちの深刻な状況について警告しています．前半の（　）には動詞 alerter に続く前置詞が入ります．後半の（　）はテキスト中の Il semble que... の部分にあたります．（　）前に peuvent がありますから動詞を考えます．

③「キングペンギンはなぜ住みかを変えねばならないのですか？」
　💡ベアトリスの2番目の発言から考えます．la hausse de la température がペンギンたちの移動原因に挙げられています．前半の（　）前は l' ですから hausse は使えません．エリジオンが起きる同義語が入ります．後半は（他の所に）「巣をつくりに行く」になります．

④「親鳥たちの長旅はどのような結果を引き起こしますか？」
　💡3番目のベアトリスの発言内容です．テキストでは Les bébés ne peuvent pas résister... となっていますが，前半（　）前には助動詞がないので résister の活用形が入ります．後半の穴埋めはテキストそのままです．

⑤「この動物たちを救うために，我々は今何をすべきですか？」

　🔦最後のベアトリスの発言です．前半の（　）は〈à l'échelle...〉「～規模で」
　　が前にありますから，テキスト中の副詞 mondialement を形容詞にして入
　　れます．pour（　）の部分はテキストでは réduire les émissions の部分です．
　　（　）の後ろに moins de gaz と否定の意味がきていますからテキスト通り
　　に réduire を入れてしまうと全体で「排出する」ことになってしまいます．
　　réduire と反対の意味の動詞を考えましょう．

───
テキスト訳例
───

記者：　　こんにちは，マダム．あなたは研究者でいらっしゃいますが，科学雑
　　　　　誌に最近発表した記事について手短に説明してください．

ベアトリス：私は 10 年前から極地動物，とくにキングペンギンの研究に携わってい
　　　　　ます．私は彼らの現状を人々に知ってもらいたいのです．彼らはまさ
　　　　　に気候変動にさらされています．今までは彼らはこの変化に比較的う
　　　　　まく耐え，順応できるだろうと考えられてきました．しかし，私は研
　　　　　究を通して現状は憂慮すべきであることに気が付きました．彼らの絶
　　　　　滅は近いように思います．

記者：　　個体数が減少しているのですか？

ベアトリス：幸い今まではそれほどでもありません．しかし，地球温暖化のため，
　　　　　彼らは住みかの移動を余儀なくされています．

記者：　　そのことが彼らにそれほど大きな影響を与えるのですか？

ベアトリス：はい．巣を移動することで，彼らは以前より更に遠くに餌を探しに行
　　　　　かなければなりません．親鳥たちはときに 10 日以上もの間，食べ物な
　　　　　しでひなたちを置いていかなければなりません．ひなたちはこの状態
　　　　　に耐えられず餓死してしまうのです．

記者：　　彼らを救うよい対策はあるのですか？

ベアトリス：世界規模でそして迅速に温室効果ガスの排出を減らすための行動を具
　　　　　体化させ，気候変動の増大を防がねばなりません．

───
応答文（解答）
───

① Elle fait des (**recherches**) sur les animaux (**polaires**), surtout les manchots royaux.

② Elle alerte (**sur**) la situation grave de ces oiseaux qui peuvent (**disparaître**) avant la fin du siècle.

③ À cause de l'(**élévation**) de la température, ils sont obligés d'aller nicher (**ailleurs**).

④ Les bébés manchots ne (**résistent**) pas bien à ce (**manque**) d'alimentation régulière.

⑤ Il faut agir à l'échelle (**mondiale**) pour (**émettre**) moins de gaz à effet de serre.

〔応答文訳例〕 ....

① 彼女は極地動物，特にキングペンギンについて研究しています．

② 彼女は今世紀末までに絶滅する可能性のあるペンギンたちの深刻な状況について警告しています．

③ 気温上昇が原因で彼らは他のところに巣をつくりに行くことを余儀なくされています．

④ キングペンギンのひなたちは規則的に与えられる食料が欠乏することに耐えられません．

⑤ 世界規模で温室効果ガスの排出削減に取り組まねばなりません．

聞き取り試験 ②

〔読まれるテキスト〕 ....

171

En ce qui concerne le marché du travail, la société française fait face à un paradoxe important. Alors que la France souffre d'un chômage notable, de nombreux emplois disponibles ne trouvent pas de candidat valable.

Il y a d'abord le secteur de la santé qui est un cas particulier. Dans le passé, le gouvernement avait promulgué pour les emplois de médecins, chirurgiens, infirmières, un « Numerus Clausus » qui a fixé un quota de postes prévus aux examens et concours de ces catégories. Ceci s'est révélé inadapté à la situation évolutive réelle, et il a fallu, malgré l'afflux de candidats, avoir recours à des personnes venant de l'étranger : Tunisie, Roumanie, etc.

Pour l'industrie, il y a un manque de candidats car on a trop longtemps privilégié l'enseignement classique et l'obtention d'un baccalauréat traditionnel, à l'enseignement technique et à l'artisanat. Et les employeurs ont dû rechercher à l'étranger les ouvriers spécialisés nécessaires dans tel ou tel domaine.

Actuellement, en réaction, le « Numerus Clausus » va être abandonné, et on favorise l'apprentissage. Mais les effets ne seront visibles qu'à moyen et long termes.

172

読まれる内容について述べた文（正誤文）

① Bien que le taux élevé de chômage soit stationnaire, certains postes de travail restent vacants.

② Les postes mis aux examens et concours du Ministère de la santé étaient quantifiés.

③ L'instauration d'un quota de postes pour certains métiers a été adoptée pour répondre à l'évolution de la société française.

④ Dans chaque hôpital, le personnel médical est limité selon la spécialité et la nationalité.

⑤ En France, les emplois du secteur de la santé étaient et sont toujours tenus par des Français.

⑥ En France, la priorité a été l'obtention d'un baccalauréat traditionnel.

⑦ L'industrie souffre d'un afflux de migrants venant des pays d'Afrique francophone.

⑧ Pour des emplois spécialisés, l'industrie s'est tournée vers l'étranger.

⑨ De nouvelles mesures promouvant l'apprentissage viennent d'être mises en place afin de former des ouvriers spécialisés français.

⑩ L'abolition du « Numerus Clausus » aura pour effet immédiat la fin de la pénurie de personnel de santé.

ヒントと解説

①「失業率が高止まりであるにもかかわらず，いくつかの仕事のポストには欠員があります.」

💡Alors que la France souffre d'un chômage notable... を意味を変えずに言いかえています.

②「保健省の試験や選抜を受けなければ就けないポストの数は定められています.」

💡「ヌメルス・クロズス」の説明部分です. fixer un quota と quantifier は同じ意味で用いられています.

③「いくつかの職業におけるポストの定数制限は，フランス社会の変化に対応するために取り入れられました.」

💡テキストでは，このような定数制限が ... inadapté à la situation évolutive réelle... であることが明らかになった，と述べていますから逆です.

④「病院ごとに，専門と国籍に応じて医療従事者の人員が決められています」.

💡テキストで述べられているのは医療職種別の定数制限であり，国籍は関係ありません. また病院ごとの人数制限についての言及はありません.

⑤「フランスでは保健部門の雇用はフランス人によって維持されてきたし，現在もなお維持されています.」

💡維持できなくなっているからこそ，... il a fallu... avoir recours à des personnes venant de l'étranger... という状況が生じているのです.

⑥「フランスでは従来のバカロレア取得が優先されてきました.」

💡... on a trop longtemps privilégié... の箇所です.

⑦「産業部門ではフランス語圏アフリカ諸国からの移民の殺到に苦慮しています.」

💡テキストではアフリカの国名 Tunisie が挙げられていますが，これは保健部門について述べられている箇所ですから惑わされないようにしましょう.（本国の）志願者が殺到しているのは保健部門です.

⑧「専門職については産業部門は外国に目を向けています.」

⑧ l'enseignement technique と l'artisanat をなおざりにしてきたために専門的な知識を持つフランス人労働者の志願者が減り，海外の労働力に頼らなければならなくなっています．

⑨「専門的な知識を持つフランス人労働者を育成するために工員研修を奨励する新たな措置が導入されたばかりです．」

💡 … on favorise l'apprentissage… と述べています．正誤文の promouvoir はテキストの favoriser と同じ意味で使われています．

⑩「『ヌメルス・クロズス』の廃止は，保健部門での人手不足解消という効果をただちに生み出すでしょう．」

💡 最後の文で，効果は à moyen et long termes でしか現れないと述べています．immédiat と逆の意味です．

(訳例)

　労働市場に関して，フランス社会は重大なパラドックスに直面しています．フランスは特筆すべき失業状態に苦しんでいますが，求人中の多くの雇用がそれに見合った志願者を見つけられないでいます．

　まず際立ったケースは保健の部門です．かつて，政府は医師，外科医，看護師の職について「ヌメルス・クロズス（定数制限）」を公布しました．これはあらかじめポストの割り当て数を定め，これらの分野ごとの試験や選抜を課すものです．この制度は変化していく現状に合わないものであることが明らかになっており，大勢の志願者がいるにもかかわらず，チュニジアやルーマニアといった外国出身の人材に頼らなければならない事態を招いています．

　産業部門では，志願者が不足しています．というのも，技術教育や職人仕事よりも従来の学校教育や伝統的なバカロレアの取得をあまりにも長く優遇してきたからです．そのため雇用主たちはそれぞれの分野で必要かつ専門的な働き手を外国に探し求めなければならなくなりました．

　現在は反動で，「ヌメルス・クロズス」が廃止されようとしており，工員研修が促進されています．しかしその効果は中・長期的にしか明らかにならないでしょう．

(解答)

① ①　② ①　③ ②　④ ②　⑤ ②　⑥ ①　⑦ ②　⑧ ①　⑨ ①　⑩ ②

仏検対策
聴く力 演習　準1級・1級
［MP3 CD-ROM 付］

2020 年 11 月 28 日　初版1刷発行

著者	田辺 保子
	西部 由里子
	Laurence Bernard-Mirtil
ナレーション	Laurence Bernard-Mirtil
	Sylvain Sauvegrain
DTP	ユーピー工芸
印刷・製本	精文堂印刷株式会社
MP3 CD-ROM 制作	株式会社 中録新社
発行	株式会社 駿河台出版社
	〒 101-0062 東京都千代田区神田駿河台 3-7
	TEL 03-3291-1676 / FAX 03-3291-1675
	http://www.e-surugadai.com
発行人	井田 洋二